광장

광장

2025년 6월 24일 초판 1쇄 발행

사진·글	이호
책임편집	김세라
디자인	박정화, 김다솜
마케팅	김선민
관리	장수댁
인쇄	정우피앤피
제책	바다제책
펴낸이	김완중
펴낸곳	내일을여는책
출판등록	1993년 01월 06일(등록번호 제475-9301)
주소	전라북도 장수군 장수읍 송학로 93-9
전화	063) 353-2289
팩스	0303) 3440-2289
전자우편	wan-doll@hanmail.net
블로그	blog.naver.com/dddoll
ISBN	978-89-7746-867-2 03300

ⓒ 이호, 2025

*이 책의 내용은 저작권법의 보호를 받는 저작물이므로 무단전재와 복제를 금합니다.
*잘못 만들어진 책은 구입처에서 바꿔 드립니다.
*책값은 뒤표지에 있습니다.

광장 光場

내란의 밤을 넘어선 새벽

이호
포토
에세이

내일을여는책

차례

Preface	9
Chapter 1. 12.3 내란	12
Chapter 2. 시민의 불꽃	32
Chapter 3. 윤석열을 탄핵하라!	42
Chapter 4. 다시 한번의 시도	60
Chapter 5. 크리스마스 그리고 선물	78
Chapter 6. 저항의 태양이 떠오르다	96
Chapter 7. 광장의 사람들	110
Chapter 8. 윤석열 1차 체포 시도	116
Chapter 9. 윤석열 2차 체포 시도	124
Chapter 10. 기다림, 고마움, 그리고 미안함	134
Chapter 11. 헌법재판소는 윤석열을 파면하라!	146
Chapter 12. 내란 수괴 윤석열의 파면	152
Chapter 13. 정권 교체와 민주정부 수립	174
응원의 글	192

Preface

2025년 5월 12일.

제21대 대통령 선거의 공식 선거운동이 시작되는 날, 나는 병원 대기실에 앉아 있었다. 몇 달 전 예약해 둔 진료 일정이 하필이면 그날이었다. 채혈을 위해 팔을 걷으면서도 마음은 온통 광화문에 가 있었다. 더불어민주당 이재명 후보가 그곳에서 공식 출정식을 연다는 소식이 자꾸만 머릿속을 맴돌았다.

창밖으로 스며드는 햇살을 바라보는데 지난 3년의 시간, 그리고 특히 지난겨울의 기억들이 조용히 떠올랐다.

그 겨울, 우리는 추위 속에서도 광장을 지켰다. 안국역, 경복궁, 여의도,

한남동, 남태령… 정해진 장소는 없었지만, 필요한 곳이라면 누구나, 언제든 달려갔다. 마치 복음서에 나오는 '오병이어의 기적'처럼, 누군가의 손길로 핫팩이 넘쳐났고, 어디선가 음식이 도착했다. 낯선 이들이 보내준 난방 버스와 은박담요, 서로의 온기를 나누던 그 시간들.

그곳에는 이름 모를 시민들이 있었다. 민주주의의 초석이 되어준, 행동하는 이들. 차가운 바람 속에서도 미소를 잃지 않던 얼굴들. 그들이 있었기에 우리는 억압의 어둠을 견디며 희망을 이야기할 수 있었다.

만약 그분들이 없었다면, 종로 어귀의 소박한 술집에서 나누던 지난겨울의 무용담도, 거리마다 힘차게 달리던 선거 홍보차도, 모두 존재하지 않았을 것이다. 무엇보다 매 순간을 억압과 착취의 고통으로만 느꼈을지도 모른다.

그분들은 나의 동지였다. 자랑스러운 시민. 민주주의의 주인공. 대한민국을 다시 군사독재의 그림자로 되돌리려는 내란 세력에 맞서, 광장에서 손을 맞잡고 겨울을 견뎠던 이들. 그분들이 있었기에 우리는 새로운 대한민국을 꿈꿀 수 있었다.

그날 나는 병원에 있었지만, 마음만은 광화문에, 그리고 그 겨울의 동지들과 함께 있었다.

이야기는 바로 그분들을 기억하는 데서부터 시작된다.

Chapter 1.
12.3 내란

마침내 새벽 5시 4분.
계엄령 해제 소식이 전해졌다.
그것은 시민의 승리였고, 민주주의의 승리였다.
그렇게, 내란의 겨울은 조용히,
그러나 단단하게 우리 곁에 찾아왔다.

살다 살다 이토록 황당한 순간이 또 있었을까.

2024년 12월 3일 밤, 열 시가 조금 넘은 시각. 텔레비전 화면에 낯선 자막이 떠올랐다.

"비상계엄을 선포합니다!"

처음엔 연말 특집 영화의 한 장면인가 싶었다. 하지만 화면은 변함없이 같은 문구만을 반복했다. '방송 사고인가?' 볼륨을 높여보니, 그것은 영화도, 사고도 아닌 현실이었다. 국회에서 계엄은 없을 것이라고 하던 윤석열 정권이 결국 넘지 말아야 할 선을 넘은 순간이었다.

그 순간, 가장 먼저 떠오른 것은 군에 있는 막내아들이었다. 큰아들은 집에 머무는 공익근무요원이지만, 현역으로 복무 중인 막내가 걱정되어 카톡을 남겼다.

"작은아들, 잘 있지? 비상 걸려도 너무 긴장하지 말고.^^ 혹시 계엄령으로 비상 출동하게 돼도, 네 건강이 먼저임을 명심해라. 혹시 몰라 하는 말이니 너무 미리 걱정하지 말고.^^"

어린 아들이 혹여 불안해할까 봐, 내가 아는 이모티콘을 모두 총동원했다. 사실상 웃음(^^)밖에 없었지만, 그렇게라도 내 마음을 담아보았다. 그리고 이어진 메시지.

"하지만 혹시 출동하게 되면 절대 민간인을 공격하거나 적대시하면 안 된다.^^ 동료들 잘 챙기고, 1월 휴가 때 만나자.^^ 건강해 아들.^^"

카톡을 보내고 나니 가만히 있을 수가 없었다. 무작정 집을 나서 택시를 잡아탔다. 목적지는 여의도 국회의사당. 여의2교에서 내려 국회 정문을 향해 달렸다. 멀리서 헬리콥터 소리가 들려왔다. 국회 앞에는 이미 많은 시민들이 모여 있었다. 분노에 찬 얼굴로 "내란 수괴 즉각 체포!"라는 구호를 외치며 경찰과 대치하고 있었다.

그날 밤 나는 두려움과 분노, 그리고 사랑하는 가족을 향한 걱정이 뒤섞인 마음으로 그 자리에 서 있었다. 이토록 낯설고도 현실적인 비상계엄의 밤. 그 밤의 기억은 아마도 오래도록 내 마음 한편에 남아 있을 것이다.

경찰이 국회 정문을 봉쇄하기 시작하자, 시민들의 외침은 점점 더 커져만 갔다. 차가운 겨울밤, 숨결이 하얗게 흩어지는 그 거리에서 모두의 목소리가 하나로 모였다.

"열어라! 열어라!"

누군가는 떨리는 손으로 촛불을 들었고, 누군가는 두 손을 입에 모아 간절히 외쳤다. 국회 정문 앞, 금빛 조명이 번지는 그곳에서 우리는 민주주의를 향한 절실한 바람을 쏟아냈다.

닫힌 문 너머로 들려오는 헬리콥터 소리, 그리고 차가운 바람. 그러나 그 어떤 벽도, 그 어떤 장벽도, 우리 마음속의 갈망을 막을 수 없었다.

"열어라! 열어라!"

그 외침은 단순한 구호가 아니었다. 오랜 시간 쌓여온 희망과 분노, 그리고 이 땅의 미래를 향한 간절한 염원이 담긴 절규였다.

그 밤, 우리는 닫힌 문 앞에서 민주주의를 부르짖었다. 그 외침이 언젠가, 반드시 닫힌 문을 열리게 하리라는 믿음으로.

계엄 포고령 1호가 헌법을 정면으로 위반한 조치임을 그 자리에 있던 모든 시민들은 이미 알고 있었다. 국회의원만이 계엄을 해제할 수 있음에도, 내란 세력은 경찰을 동원해 국회 출입을 가로막았고, 군을 동원해 무력으로 국회를 침탈하려 했다. 그러나 시민들은 물러서지 않았다.
국회 정문으로 들어가지 못하는 국회의원들이 담을 넘어 들어갈 수 있도록 온 힘을 다해 밀어주었고, 멀리서 다가오는 군용버스 앞에서는 맨몸으로 길을 막아섰다.

그 혼란의 한복판, 국회 정문 앞에서 김영 교수님 내외분을 만났다. 두 분은 육군 버스를 가로막고 서 계셨다. 그 순간, 전혀 어울릴 것 같지 않은 천진난만한 미소가 두 분의 얼굴에 번졌다. 교수님은 환하게 웃으며 나를 불렀다.

"이 작가! 우리는 지난 5.18 민주화운동 때 특별한 도움을 주지 못했어. 그런데 지금은 우리 부부가 살 만큼 살았거든. 지금 여기서 죽어도 여한이 없어. 민주주의만 지킬 수 있다면."

그리고 교수님은 소박한 부탁을 남기셨다.

"이 작가! 우리 부부, 이 버스 앞에서 기념사진 하나만 찍어줄 수 있지?"

이토록 처참한 상황에서, 이토록 환한 미소와 행복한 표정이라니. 비극의 한가운데서도 희망을 노래하고, 절망 속에서도 내일을 꿈꾸는 사람들. 바로 이들이 민주시민이었다.
　소설 속에서나 만날 법한, 이상하고도 아름다운 등장인물들이 마치 마법처럼 현실에 나타나 세상의 정의를 바로 세우고 있었다.

그날 밤, 나는 그 미소와 그 부탁을 오래도록 잊지 못할 것이다. 민주주의를 지키는 일은, 때로는 가장 평범한 얼굴에 깃든 가장 빛나는 용기에서 시작된다는 것을, 그분들이 보여주었다.

시간이 흐를수록 마음 한구석이 점점 더 초조해졌다. '만약 이 계엄이 해제되지 않는다면… 우리에게 내일이란 게 남아 있을까?' 불안과 두려움이 서서히 엄습해오던 그때, 유튜브 화면을 통해 반가운 소식이 전해졌다. 국회의원 정족수가 마침내 확보되어 계엄령 해제를 위한 길이 열렸다는 소식이었다.

순간, 국회 앞 여기저기서 환호성이 터져 나왔다. 서로를 부둥켜안고, 손뼉을 치며, 누군가는 눈물을 글썽이며 소리쳤다.

"윤석열을! 체포하라!"
"윤석열을! 체포하라!"

그 외침은 분노이자 안도였고, 오랜 긴장 끝에 찾아온 해방의 순간이었다.
그 밤, 우리는 다시 한번 민주주의의 소중함을, 그리고 함께 지켜낸 연대의 힘을 가슴 깊이 새길 수 있었다. 닫힌 겨울밤의 문이, 그렇게 조금씩 열리고 있었다.
누가 시킨 것도 아니었다. 누군가 이끄는 집회도 아니었다. 그저, 그 추운 겨울밤, 반바지에 슬리퍼를 신고 뛰쳐나온 시민들, 연말 회식 자리에서 무작정 택시를 잡아탄 이들, 심지어 멀리 대전에서 달려온 시민까지, 모두가 각자의 이유와 마음을 품고 이곳에 모여 있었다.

저 멀리, 바람에 펄럭이는 깃발 하나가 눈에 들어왔다. 용산촛불행동. 자세히 보니, 곳곳에 촛불행동의 깃발들이 보이기 시작했다. 민노총, 진보당, 그리고 이름 모를 수많은 깃발들. 그 깃발들은 각자의 이야기를 품고 이 자리에 함께하고 있음을 말해주고 있었다.

'나는 혼자가 아니구나. 이렇게 많은 이들과, 이렇게 많은 단위가 함께하고 있구나.'

두려움을 느낄 틈도 없었다. 누군가가 핫팩을 건네주고, 어디선가 스피커와 마이크가 등장했다. 그리고 밤하늘을 가르며 〈임을 위한 행진곡〉이 울려 퍼졌다.

"앞서서 나가니, 산 자여 따르라!"

마치 주문처럼, 죽은 자의 희생과 산 자의 용기가 한데 어우러지는 순간이었다. 그곳, 여의도에는 더 이상 두려움이 머물 자리가 없었다. 함께여서, 우리는 용기였다. 함께여서, 우리는 희망이었다.

마음 한켠에서는 문득 이런 생각이 스쳤다. '도대체 우리는 언제까지 광장에서 이렇게 싸워야 하는 걸까?' 그러나 곧, 스스로를 다독였다. '그래, 이게 아이들에게 더 좋은 나라를 물려줄 유일한 길일 거야.' 국회 앞에 모인 시민들의 숫자는 점점 늘어났고, 시간은 어느새 깊은 새벽으로 접어들고 있었다.

2024년 12월 4일 오전 1시 2분. 국회에서 비상계엄 해제요구안이 재석

의원 190명 전원의 만장일치로 통과됐다는 소식이 전해졌다. 국회 밖에 있던 시민들은 일제히 환호성을 질렀다.

"이겼다! 우리가 이겼다!"

2002년 월드컵 16강전에서 이탈리아를 상대로 승리했을 때처럼 누군지도 모르는 이들과 서로 부둥켜안고 기쁨의 눈물을 흘리며 서로를 격려하고, 목청껏 승리를 만끽했다.

그러나 그 환희의 물결 속에서 또 다른 소식이 전해졌다.

"대통령이 계엄 해제요구안을 승인해야 계엄이 끝나는 겁니다!"

불안이 다시 엄습했다. 한 시간이 지나도 윤석열 대통령이 계엄 해제요구안을 승인했다는 소식은 들려오지 않았다. 오히려 2차, 3차 계엄령이 있을 수 있다는 끔찍한 소문만이 퍼져나갔다.

'이게 도대체 무슨 말인가? 왜 그는 계엄령 해제를 미루고 있는 것인가?'
기쁨과 불안, 희망과 분노가 뒤섞인 새벽이었다. 광장에 선 우리는 여전히 서로의 온기로 긴 밤을 버티고 있었다.

온갖 소문이 퍼져나갔다. '곧 2차 계엄이 있을 것이다. 그러니 국회를 사수해야 한다.' 긴장감이 겨울밤의 공기처럼 서늘하게 감돌았지만, 시민들은 주눅 들지 않았다.

'올 테면 와보라지! 우리가 다 막아낼 테니까!'

누구랄 것도 없이, 모두가 함께 차가운 겨울 아스팔트 위에 서서 계엄 해제 소식만을 간절히 기다렸다.

그리고 마침내, 새벽 5시 4분. 계엄령 해제 소식이 전해졌다. 그 순간, 그것은 시민의 승리였고, 민주주의의 승리였다.
하지만 기쁨의 환호 속에서도 시민들은 쉽게 자리를 뜨지 않았다. 계엄령이 해제된 후에도 국회를 지켜야 한다며 일부 시민들은 국회 정문 앞에서 농성을 시작했다.
그렇게, 내란의 겨울은 조용히, 그러나 단단하게 우리 곁에 찾아왔다.
차가운 새벽 공기 속에서 우리는 서로의 온기를 나누며 민주주의를 지키는 긴 여정의 첫 장을 함께 열고 있었다.

Chapter 2.
시민의 불꽃

12월 4일부터 국회 본관 앞 계단은 형형색색의
응원봉을 든 시민들로 가득 차기 시작했다.
촛불과 응원봉이 어우러진
새로운 불빛이 밤을 밝혔다. 그야말로
'빛의 시대'가 열리는 서막이었다.

비상계엄 다음 날, 12월 4일. 아침부터 미디어에서 쏟아지는 뉴스들이 화면을 채웠다. 그중에서도 가장 마음에 남았던 소식은 이것이었다. '시민들이 국회로 몰려오지 않았다면, 이번 계엄을 막을 수 없었을 것이다.'

그 야심한 밤, 누가 불러서 모인 것도 아니었다. 마치 몸의 자동반사처럼, 국회로 달려온 시민들. 그 존재가 새삼 소중하게 느껴졌다.

그뿐만이 아니었다. 현장에 출동했지만 소극적으로 행동했던 군인들 역시 이번 계엄을 막아낸 중요한 힘이었다. 특수부대원으로, 총기로 무장한 정예 병력이었지만 그들은 시민들에게 등을 돌리지 않았다. 진압하지 않고 물러서 주었고, 실탄이 있었으나 발포하지 않았다. 그 침묵과 절제 역시 민주주의를 지켜낸 힘이었다.

이 모든 것은 5.18 광주 민주화운동의 희생자들이 남긴 유산이기도 했다. 그 숭고한 희생은 역사와 교과서에 기록으로 남았고, 지금의 우리에게 불법 계엄을 거부하고 민주주의를 수호하는 정신으로 이어졌다.

죽은 자가 산 자를 살린 기적의 순간. 그리고 살아남은 우리는 12.3 비상계엄을 내란으로 정의하고, 이를 청산하기 위한 행동을 시작했다. 12월 4일부터 국회 본관 앞 계단은 형형색색의 응원봉을 든 시민들로 가득 차기 시작했다. 촛불과 응원봉이 어우러진 새로운 불빛이 밤을 밝혔다.
그야말로 '빛의 시대'가 열리는 서막이었다.

수없이 많은 집회에 참여해왔지만, 12.3 내란 이후 국회 앞에 모인 사람들은 도무지 만나본 적 없는, 새로운 세대의 시민들이었다. 민중가요 대신 '소녀시대'의 〈다시 만난 세계〉가 밤하늘을 가득 메웠다. 익숙한 멜로디지만 가사는 또렷이 알지 못했다. 그럼에도 불구하고, 형형색색의 응원봉과 어우러진 그 노래는 이상할 만큼 큰 힘과 위로를 안겨주었다.
'윤석열 탄핵'을 외치며 3년 넘게 광장에서 시민들의 사진을 찍어왔지만, 이날만큼은 익숙한 얼굴들을 좀처럼 찾기 어려웠다. 나중에 들은 이야기로는, 오랜 시간 광장을 지켜온 분들이 새롭게 참여한 젊은 세대에게 자연스레 자리를 내어주었다고 했다. 아무런 보상도 없이, 그저 새로운 세대를 위해 기꺼이 뒷자리로 물러난 그 마음을 생각하니 미안함과 뭉클함이 교차했다. 그러나 기꺼이 앞자리를 내어주는 그분들이야말로 진정한 민주시민임을 다시 한번 깨달았다.

12월 4일부터 국회 본청 앞에서는 매일같이 집회가 열렸다. 정치권에서조차 선뜻 꺼내지 못했던 '윤석열 탄핵'이라는 구호가 이제는 자연스럽게 울려 퍼졌다.

"드디어 탄핵이구나! 드디어 그날이 오는구나!"

그날의 함성은 겨울밤을 뚫고 희망의 새벽을 부르고 있었다.

그 자리는 집회라기보다는 마치 오래 기다려온 축제의 한 장면처럼 느껴졌다. 누구 하나 힘들어하는 기색이 없었다. 모두가 미소 띤 얼굴로, 윤석열 정권의 무도함을 조용히, 그러나 또렷하게 지적했다.

이제 무대 위에서는 국회의원보다 평범한 시민들의 발언이 더 많아졌다. 엘리트 중심의 권력 체계에서 시민 권력의 새로운 시대로 나아가는 분명한 신호탄이었다. 더 이상 시민들은 어떠한 권력도 두려워하지 않았다. 입법부도, 사법부도, 행정부도 이제는 시민의 명령에 따라 움직여야 한다는 굳은 믿음이 모두의 마음에 자리 잡았다.

시민을 억누르고, 시민에게 명령하고, 시민을 탄압하는 권력은 더 이상 대한민국에 설 자리가 없었다. 모두가 평등한, 모두가 주인인 새로운 시대의 막이 조용히, 그러나 힘차게 열리고 있었다.

Chapter 3.

윤석열을 탄핵하라!

의결 정족수 미달로 탄핵소추안은 폐기되고 말았다.
시민들은 허탈함과 슬픔을 뒤로하고, 서로 다독이며
다시 광장으로 모이기 시작했다.
그리고 모두가 서서히 깨닫기 시작했다.
아직, 이 겨울의 내란은 끝나지 않았다는 것을.

더불어민주당, 조국혁신당, 진보당, 기본소득당, 사회민주당, 개혁신당 등 야 6당은 2024년 12월 4일 윤석열 대통령에 대한 탄핵소추안을 국회에 공식 제출했다. 탄핵소추안에서 특히 주목받은 부분은 '형법상 내란(형법 제87조, 제91조)' 혐의였다. 내란죄와 외환죄는 대통령도 법정에 세울 수 있는 중대한 범죄로, 야 6당은 윤 대통령의 비상계엄 선포가 헌법과 법률을 위반했으며 국가권력을 강압적으로 행사해 국헌을 문란하게 했다고 명시했다.

탄핵소추안이 발의된 직후, 수를 헤아릴 수 없을 만큼 많은 시민들이 여의도로 몰려나왔다. 모두의 마음은 하나였다. 군을 동원해 국민의 권리를

침탈하려 시도한 윤석열 대통령을 조속히 탄핵하고 반드시 법정에서 단죄받게 하자는 염원이었다. 저녁이 되자 여의도는 촛불과 응원봉이 어우러진 빛의 물결로 뒤덮였다. 시민들은 노래를 부르고 서로를 격려하며 민주주의의 승리를 축하했다.

이날 집회는 세대와 계층을 넘어선 대규모 시민 참여로 이어졌고, 이는 엘리트 중심의 권력 체계에서 시민 권력의 시대가 본격적으로 열리고 있음을 상징적으로 보여주는 장면이었다. 여의도의 밤은 민주주의를 지키려는 시민들의 목소리와 빛으로 가득 찼다.

광장에는 '너'와 '나'가 없었다. 오직 '우리'만이 존재했다. 계층의 차이도, 출신의 구분도 이 순간만큼은 모두 사라졌다. 모두가 '동지'가 되어 서로를 바라보며 같은 꿈을 품고 서 있었다.
누구처럼 "저도 호남 사람입니다!"라고 외칠 필요도 없었다. 지역주의는 그곳에 존재하지 않았다. "우리 서로 사랑해야 합니다!"라고 말하지 않아도 이미 광장에는 신뢰와 연대의 공기가 가득했다.

시민들이 바라는 것은 단 하나였다.

'윤석열 즉각 퇴진' 그리고 '민주주의의 회복'

　그 소망이 광장을 가득 채우는 우리 모두의 목소리가 되어 밤하늘을 울리고 있었다.

　광장에서 또 한 가지 놀라웠던 것은 시민들의 해학과 유머였다. 누군가가 직접 만들어 온 피켓에는 기발하고 재치 넘치는 문구들이 적혀 있었다.

도대체 어떻게 이런 생각을 해낼 수 있을까, 감탄과 웃음이 절로 났다.
칼바람 부는 겨울 아스팔트 위에서 이렇게 크게 웃어본 적이 있었던가. 그중 하나의 피켓이 유독 기억에 남았다.

"불쌍한 석열 안아주고 싶어. 보라색으로 변할 때까지 목에"

얼마나 미웠으면, 이토록 '안아주고 싶다'고 썼을까. 웃음 속에 담긴 분노와, 유머 속에 깃든 저항의 의지. 윤석열은 과연 시민들의 이런 바람을 알고나 있을까? 차가운 밤, 해학과 위트로 서로를 다독이며 우리는 다시 한번 시민의 힘을 느꼈다.

윤석열은 기적을 일으켰다. 사실 모든 연령층이 한꺼번에 광장에 모인다는 것은 거의 불가능에 가까운 일이었다. 하지만 그의 비상계엄은 단 한 순간에 그 불가능을 가능으로 바꾸어 놓았다.

이뿐만이 아니었다. 전 세계가 대한민국의 민주주의를 주목하기 시작했다. 가장 막기 힘들다는 친위 쿠데타를 불과 하룻밤 사이에 시민의 힘으로 막아내고, 무너진 민주주의를 평화로운 방식으로 다시 일으켜 세우는 모습을 전 세계가 지켜보게 된 것이다. 이 얼마나 엄청난 지도자인가. 정말, 아이러니하지 않은가.

그의 오만과 폭력은 결국 우리 모두를 하나로 모으는 기적을 만들어냈다. 그날의 광장에는 분노와 슬픔을 넘어 희망과 연대의 힘이 가득했다.

시민들의 외침은 좀처럼 잦아들지 않았다. 사람들은 자신이 가장 사랑하는 것, 지키고 싶은 것을 위해 광장으로 모여들었다. 그중 하나가 바로 응원봉이었다. 더욱 흥미로웠던 것은, 응원봉 문화를 잘 모르는 기성세대조차 젊은 세대의 문화를 기꺼이 받아들였다는 사실이다.

젊은이들이 부르는 노래를 따라 부르기 위해 가사를 찾아보고 공부한다는 중·장년층의 모습이 하나둘 늘어나기 시작했다. 그들의 손에도 어느

새 형형색색의 응원봉이 들려 있었다. 반대로, 젊은 세대는 "우리도 민중가요를 듣고 싶어요"라며 기성세대의 노래를 배우고 싶어 했다.

서로가 서로를 배우고 이해하려는 노력이 광장 곳곳에서 이루어지고 있었다. 이것이야말로 '공감'이었다. 세대를 넘어, 서로를 이해하고 서로의 문화를 존중하며 함께 어우러지는 공감의 순간. 이 어찌 아름답지 않다고 말할 수 있을까.

2024년 12월 7일.
국회에서 윤석열 대통령 탄핵소추안이 처리되기로 한 그날 아침이 밝았다. 전국 각지에서 모여든 시민들로 여의도는 이미 인산인해였다. 여의도역에서 국회 앞까지, 도보로 이동하는 것조차 쉽지 않을 만큼 거리는 사람들로 가득 메워졌다.

신문사들은 긴급 호외를 발행했다. 1면 헤드라인에는 "'내란 수괴' 윤석열"이라는 굵은 글씨가 선명하게 새겨져 있었다. 그날의 여의도는 분노와 희망, 긴장과 설렘이 뒤섞인 역사의 한복판이었다. 수많은 시민들이 서로의 어깨를 맞대고, 민주주의의 새로운 장을 함께 열어가고 있었다.

촛불행동은 여의도공원 앞에서 약 10만 명이 모인 가운데 집회를 시작

했다.

  사람들의 얼굴에는 곧 있을 윤석열 탄핵안 가결에 대한 기대와 설렘이 가득했다. 차가운 겨울, 여의도의 거센 바람도 시민들의 뜨거운 열기를 꺾을 수 없었다. 그것은 국민이 나라의 진정한 주인이 되는 세상을 만들기 위한 행진의 시작이었다.

  카메라를 들고 촬영하다 보면 순간순간 열정적인 시민들의 모습에 가슴이 벅차오르고 눈물이 울컥 쏟아질 때가 있다. 집회가 시작되기 30분 전, 얼마나 많은 시민이 올까 궁금해 주변을 둘러보면 빈자리가 많이 보인다.

하지만 집회가 시작되면 언제나 준비된 공간이 부족할 만큼 시민들로 가득 채워지는 모습을 매번 목격하게 된다.

그리고 그 자리에 선 진짜 주인공은 바로 우리, 평범한 시민들이었다.

국민의힘 의원 105명이 집단으로 투표에 불참했다. 그로 인해 탄핵소추안 의결 정족수인 200명을 채우지 못했고, 탄핵소추안은 자동으로 폐기되

고 말았다. 그 순간, '국민의힘'이라는 정당명은 많은 이들의 입에서 '내란의힘'으로 바뀌어 불렸다.

당혹스럽고 실망스러운 순간이었다. 3년이라는 긴 시간, 수많은 시민이 쏟은 열정과 노력이 이렇게 허무하게 물거품이 되는 것일까. 광장에 모인 시민들의 얼굴에는 허탈함과 슬픔이 번졌다. 그러나 그 아픔 속에서도 서로를 다독이며 다시 한번 희망을 잃지 않으려 애쓰는 우리의 모습이 있었다.

시민들은 멈추지 않고 윤석열의 직무배제를 요구했다. 너무나도 당연한 목소리였다. 내란의 우두머리가 국정을 운영하고, 특히 군대를 통제한다는 것은 너무도 큰 위험이기 때문이다.

그러나 12월 8일, 한동훈 국민의힘 대표는 한덕수 국무총리와 회동한 뒤 믿기 어려운 담화를 내놓았다. 탄핵을 요구했더니, 오히려 통치를 선언하는 괴기한 담화였다.

"주 1회 이상의 정례회동, 그리고 상시적인 소통을 통해 경제, 외교, 국방 등 시급한 현안을 논의하고 대책을 마련해 한 치의 국정 공백도 없게 하겠습니다."

한동훈도, 한덕수도, 시민이 직접 선출한 권력이 아니었다. 한동훈은 내란 정당의 대표일 뿐이고, 한덕수는 내란 수괴 윤석열이 임명한 총리일 뿐이었다. 그럼에도 불구하고 이들은 윤석열 정부의 실패에 대한 어떠한 책임의식도 없이 대한민국을 통치하겠다는 뻔뻔한 담화를 발표했다. 이들의 행동을 어떤 국민이, 어떤 시민이 동의할 수 있었을까.

어제의 탄핵소추안 자동 폐기에 대한 슬픔과 아쉬움은 잠시 뒤로 밀려났다. 시민들은 다시 광장으로 모이기 시작했다. 그리고 모두가 서서히 깨닫기 시작했다. 아직, 이 겨울의 내란은 끝나지 않았다는 것을.

야당들은 "누구도 부여한 바 없는 대통령의 권한을 총리와 여당이 공동 행사하겠다는 것은 명백한 위헌"이라며 이 사태를 '2차 내란 행위'로 규정했다. 촛불행동을 비롯한 시민단체들 역시 한동훈과 한덕수의 담화를 '2차 내란 행위'로 규정하고 총력 투쟁을 다짐했다.

역시, 대한민국 겨울의 아스팔트는 차가워질 틈이 없었다. 다시, 시민들의 뜨거운 열기가 차가운 아스팔트를 녹이기 시작했다. 희망과 분노, 그리고 연대의 불빛이 겨울밤을 다시 한번 밝히고 있었다.

Chapter 4.

다시 한 번의 시도

그리고 마침내 대망의 12월 14일, 해가 떠올랐다.
"탄핵소추안이 가결되었음을 선포합니다!"
환희의 순간이었다.
참았던 눈물이 왈칵 쏟아져 나왔다.
카메라 앵글 속, 시민들 모두가 울고 있었다.

탄핵소추안이 자동 폐기되자 광장에는 '불면의 밤'이 찾아왔다. 끊임없이 들려오는 2차 계엄 시도의 소식, 윤석열이 다시 복귀하면 벌어질지 모를 끔찍한 상상들, 아직도 우리가 저들을 이기지 못했다는 자괴감이 한꺼번에 밀려왔다. 숨이 막히는 밤이었다.

'여기서 질 수 없어!'

마음속으로 몇 번이고 되뇌었다.
처음 윤석열 정권에 맞서 촛불을 들었던 날이 2022년 3월 26일. 그로부터 거의 만 3년이 되어가는 시간이었다. 사실, 지칠 만도 했다. 온몸은 만

신창이였고, 마음도 지쳐 있었다. 하지만 얼굴을 찌푸릴 수는 없었다. 진통제로 통증을 이기며 늘 웃으려 애썼다. 그래야 시민들도 웃을 수 있다고 믿었다. 늘 고개를 숙였다. 그래야 시민들이 더 높아질 수 있었기 때문이다.

그 때문일까. 항상 시민들의 표정에서 오히려 에너지를 받았고, 내일을 살아갈 힘을 얻곤 했다. 그러나 윤석열 탄핵소추안의 자동 폐기가 안겨준 실망감은 말로 다 표현할 수 없을 정도였다.

국회법 제92조는 "부결된 안건은 같은 회기 중에 다시 발의 또는 제출하지 못한다"라고 규정한다. 12월 7일 부결된 탄핵소추안은 정기국회 종료일인 12월 10일까지는 다시 발의할 수 없게 되었다. 이에 더불어민주당을 비롯한 야권은 12월 11일 즉각 임시국회를 소집했고 회기를 변경해 다시 한 번 대통령 탄핵소추안을 발의했다.

그리고, 또 한 명의 든든한 지원군이 광장에 등장했다. 가수 이승환. 그의 등장은 불면의 밤을 견디는 많은 시민들에게 큰 힘이 되었다. 지면을 빌려 가수 이승환님께 진심 어린 감사를 전한다.

12월 13일, 공연의 날이 다가오자 많은 시민들이 하나둘, 여의도 산업은행 앞으로 모여들기 시작했다. 그 밤, 우리는 다시 희망의 노래를 함께 부르기 시작했다.

사실 내가 가수 이승환을 촬영한 것은 이번이 처음이 아니다. 2019년 여의도에서 열렸던 '검찰개혁, 공수처 설치 요구를 위한 촛불집회'에서도 그의 공연을 카메라에 담은 적이 있다.

신기하게도 늘 그의 공연이 끝나고 나면 시민들이 염원하던 변화가 현실이 되곤 했다. 그때도 그랬다. 이승환의 공연이 끝나고 얼마 지나지 않아 공수처가 설치되었다는 소식을 들었다. 그의 무대는 단순한 공연을 넘어 희망과 연대, 그리고 변화의 시작을 알리는 작은 기적처럼 느껴졌다.

이번에도 이승환의 노래와 함께 시민들의 간절한 바람이 다시 한번 현실이 되기를 간절히 소망하는 마음이었다.

가수 이승환이 12월 13일 공연 이후 여러 가지 불이익을 겪었다는 사실은 이미 많은 이들에게 알려져 있다. 가장 대표적인 것이 구미 공연 취소 사건이다. 그런 불이익에도 불구하고 그는 언제나 중요한 자리에, 공연으로 시민들과 함께해주는 의리파 가수다.

개인적으로 단 하나 아쉬운 점이 있다면, 이토록 젊은 외모에도 불구하고 나보다 형이라는 사실이다. 이 얼마나 안타까운 현실이란 말인가.

이승환의 공연이 시작되기 전, 추미애 더불어민주당 의원의 연설이 있었다. 사람들은 흔히 추미애 의원을 강인한 전사의 이미지로 기억하지만, 사실 그는 그와 정반대의 따뜻한 모습을 자주 보여준다. 눈물이 많고, 많은 시민들 앞에 설 때면 울컥하는 모습을 자주 볼 수 있다. 실제로 지난 이태원 참사 추도식 때도 희생자 어머니를 만나 포옹하며 펑펑 우는 장면이 목격되었는데, 이런 모습은 결코 드문 일이 아니다.

요즘 들어 '추미애가 옳았다'라는 구호가 다시금 떠오른다. 검찰총장 윤석열과 맞서 싸운 당당한 법무부 장관, 추미애. 나는 영원히 마음 따뜻한 추미애를 기억할 것이다.

이어진 이승환의 콘서트. 차가운 겨울 아스팔트 위에서 열린 공연이었지만, 그 열기만큼은 어느 실내 공연장 못지않았다.

"주문을 외워보자! 내려가라 윤석열!"

모든 시민이 한목소리로, 함께 외쳤다.

"내려가라! 윤석열!"

이른 아침부터 맨 앞자리를 차지하기 위해 찾아온 가수 이승환의 팬클럽 회원들, 새벽부터 무대를 준비하며 고생한 촛불행동 방송팀, 그리고 그 자리를 가득 메운, 윤석열 탄핵을 갈망하는 수많은 민주시민들.
그날의 공연은 마치 윤석열 탄핵소추안 가결을 앞둔 전야제와도 같았다. 차가운 겨울밤, 희망과 열정, 연대의 힘이 아스팔트 위를 뜨겁게 달구고 있었다.

그리고 마침내 대망의 12월 14일, 해가 떠올랐다. 일주일 전, 내란 세력 국민의힘의 집단 불참으로 자동 폐기되었던 윤석열 탄핵소추안이 국회 회기를 바꿔 다시 처리되는 날이었다.
여의도는 또다시 전국에서 몰려온 시민들로 가득 찼다. 실제로 여의도

전체가 이동이 불가능할 정도로 사람들로 빼곡했다. 차가운 겨울 햇살이었지만, 그날따라 따스한 푸른빛으로 느껴졌다. 이번만큼은, 절대로 실패할 수 없는 싸움이었다.

국민의힘에서 공개적으로 탄핵 찬성 의사를 밝힌 의원은 단 7명뿐이었다. 탄핵소추안 통과를 위한 200석에 여전히 모자랐다. '과연 200석을 넘

길 수 있을까?' 이토록 불안하고 초조했던 적이 또 있었던가. 국민의힘은 여전히 당론으로 탄핵을 반대하고 있었으니, 불안은 더욱 깊어졌다.

그 와중에도 내란 수괴 윤석열은 구속된 김용현 전 국방부 장관의 후임자를 지명하려 시도하고 있었다. 시민들의 눈에는 이 모든 것이 2차 계엄을 준비하는 수순으로밖에 보이지 않았다. 지난 12.3 내란 이후, 방송인 김어준 씨의 제보와 경고가 더해지면서 시민들은 밤잠을 설칠 수밖에 없었다.

그럼에도 시민들은 하나의 마음으로 윤석열 탄핵소추안의 가결을 간절히 기다리고 있었다. 겨울 아침, 푸른 햇살 아래 여의도는 다시 한번 민주주의의 역사를 쓰고 있었다.

국회의원들의 투표가 시작되자 광장을 가득 메웠던 시민들의 함성도 점점 잦아들었다. 이제 모든 시선과 숨결이 우원식 국회의장의 입술에 집중되어 있었다.

"투표 결과를 말씀드리겠습니다. 대통령 윤석열 탄핵소추안은 총투표수 300표 중, 가 204표, 부 85표, 기권 3표, 무효 8표로써 가결되었음을 선포합니다!"

환희의 순간이었다.

참았던 눈물이 왈칵 쏟아져 나왔다. 무대 위에 서 있던 나도 사람들과 함께 울고 싶었지만, 이 순간을 남겨야 했다. 카메라 앵글 속, 시민들 모두가 울고 있었다. 기쁨의 눈물, 희망의 눈물이었다. 그야말로 새로운 세상을 향해 첫 번째 장애물을 넘은 역사의 순간이었다.

지난 3년간, 검찰 쿠데타로 탄생한 윤석열 정부에 맞서 한 치의 흔들림

없이 싸워온 김민웅 촛불행동 상임대표와 권오혁 촛불행동 대표가 서로를 부둥켜안고 눈물을 쏟았다. 얼마나 힘들었을까. 3년의 시간이 주마등처럼 스쳐 지나갔다.

촛불행동의 초창기, 온갖 음해와 방해 속에서도 함께 자리를 지켜준 모든 촛불행동 회원들, 늘 광장을 함께 지켜주던 시민들, 방송팀, 자원봉사단, 각계각층의 예술가들, 그리고 시간 나는 대로 촛불을 찾아와 준 많은 의원님들.

이날만큼은 모두가 목 놓아 울어도 괜찮은 시간이었다. 그 눈물 속에는 고통과 인내, 연대와 희망, 그리고 새로운 시작을 향한 간절한 바람이 고스란히 담겨 있었다.

그리고 여의도, 그 자리에서 축제가 시작되었다. 시민들의 지칠 줄 모르는 에너지가 밤하늘을 가르며 폭발하고 있었다. 서로를 안아주고, 손을 맞잡고, 노래하고 춤추며 긴 겨울의 어둠을 밀어냈다.

그 순간, 우원식 국회의장의 마지막 말이 가슴 깊이 남았다.

"국민 여러분, 국민 여러분의 연말이 조금 더 행복하기를 바랍니다. 취소했던 송년회, 이제는 재개하시기를 당부드립니다. 자영업, 소상공인, 골목경제가 너무 어렵습니다. 대한민국의 미래는,

우리의 희망은, 국민 속에 있습니다. 희망은 힘이 셉니다. 국민 여러분, 고맙습니다."

그 말처럼 희망은, 언제나 국민 속에 있었다. 그리고 그날 밤 여의도에는 희망의 불빛이 끝없이 번져가고 있었다.

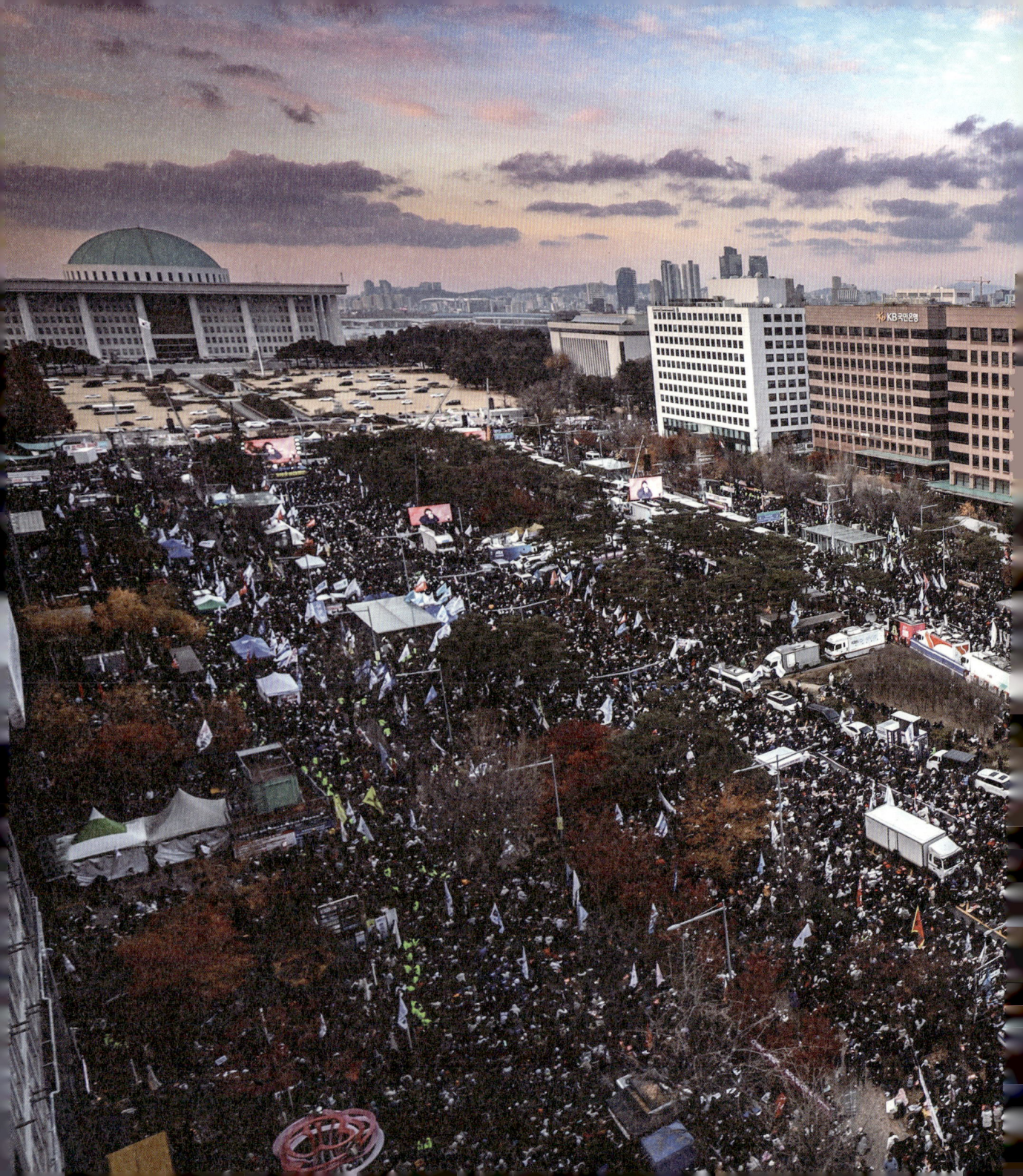

Chapter 5.

크리스마스
그리고 선물

광장에서 만난 수많은 사람들.
그들과 함께여서, 차가운 겨울바람도,
세상의 무거운 짐도 한결 가벼워졌다.
'함께'라는 선물, 그것이야말로
2024년 크리스마스가 준 가장 큰 기적이었다.

2024년 겨울, 대한민국은 유난히 차가웠다. 거리에는 연말의 불빛이 어슴푸레 번졌지만, 그 아래를 흐르는 공기는 유례없는 내란과 정치적 혼란으로 더욱 서늘하게 느껴졌다. 그 와중에도 크리스마스는 어김없이 찾아왔고, 사람들은 익숙한 캐럴 대신 새로운 노래에 귀를 기울였다. 그해의 진짜 캐럴, 모두의 입에 오르내린 노래는 바로 백자의 〈탄핵이 답이다〉였다.

이 노래는 단순한 풍자송이나 유행가가 아니었다. 〈펠리스 나비다(Feliz Navidad)〉의 경쾌한 멜로디 위에 백자는 민주주의 회복을 바라는 간절한 소망을 실었다. "탄핵이 답이다"라는 반복적인 후렴구는 촛불처럼 광장마다 번져 나갔고, 유튜브와 SNS에는 이 노래를 따라 부르는 수많은 영상과 쇼츠가 올라왔다. 어느새 사람들은 백자를 '캐럴 아저씨'라 불렀고, 그 별

명에는 애정과 존경, 그리고 연대의 감정이 담겼다.

광장에 모인 이들은 손을 맞잡고 노래를 불렀다. 차가운 겨울밤, 〈탄핵이 답이다〉의 멜로디는 희망과 연대의 언어가 되어 울려 퍼졌다. 정치적 갈등과 불안, 분노와 슬픔이 음악 속에서 잠시 녹아내렸다. 노래는 단순한 정치적 주장에 머물지 않았다. 백자의 캐럴은 대중문화와 정치가 만나는 새로운 장르, 모두가 함께 부르는 저항의 노래이자 위로의 노래였다.

누군가는 말했다.

"이 노래를 부르는 순간만큼은, 우리는 다시 한번 민주주의를 믿고 싶어졌다."

실제로 〈탄핵이 답이다〉는 젊은 세대부터 어르신까지, 광장과 온라인을 가리지 않고 퍼져나갔다. 경쾌한 리듬과 중독성 강한 가사 덕분에 정치적 메시지는 더 이상 무겁고 먼 것이 아니었다. 모두가 함께 부르고, 춤추고, 촬영하고, 공유했다. 그 과정에서 사람들은 새로운 방식의 정치적 참여, 연대의 힘을 경험했다.

2024년의 크리스마스는 그래서 오랫동안 기억될 것이다. 내란의 소용돌이 속에서도 광장마다 울려 퍼지던 〈탄핵이 답이다〉의 멜로디는 희망의 캐럴로, 연대의 노래로 남았다. 백자, 그리고 그와 함께 노래한 수많은 시민

들이 만들어낸 이 작은 기적은 그 겨울밤을 지나 대한민국의 민주주의를 다시 한번 일깨웠다.

그해 겨울, 우리는 노래로 서로를 위로했고 노래로 다시 꿈꿀 수 있었다. 〈탄핵이 답이다〉—그 한마디가, 그 멜로디가, 우리 모두의 크리스마스였다.

2024년 겨울, 촛불집회의 현장에는 언제나 한 사람이 있었다. 가수 백자. 그는 '윤석열 탄핵'을 외치는 촛불집회가 시작된 첫날부터 늘 시민들과 함께 광장에 서 있었다. 그를 '풍자의 아이콘'이라 부르는 것도 무리가 아니다. 대통령실에서 불렀던 〈사랑이 필요한 거죠〉를 〈탄핵이 필요한 거죠〉로 패러디해 고발까지 당한 그의 용기와 재치는 '당대 최고의 풍자 가수'라는 별명을 얻기에 충분했다.

백자는 늘 웃음을 잃지 않았다. 겸손함으로 무장한 채, 시민이 부르는 곳이면 언제든, 어디서든 달려왔다. 그의 노래는 추운 겨울밤 얼어붙은 광장에 따스한 온기를 불어넣었다. 백자의 존재만으로도 사람들은 용기를 얻었고, 그의 노래는 시민들의 마음을 하나로 모으는 작은 불씨가 되어주었다.

광장에 모인 이들은 백자의 노래에 맞춰 손을 흔들고 목소리를 높였다. 그가 부르는 노래는 단순한 음악이 아니었다. 그것은 연대의 언어였고 희망의 메시지였다. 백자의 노래와 존재 덕분에 그 겨울의 추위도 조금은 덜

하게 느껴졌다. 우리가 함께였기에, 그리고 그가 있었기에, 우리는 그 겨울을 견디고, 이겨낼 수 있었다.

  그해 겨울, 백자는 단순한 가수를 넘어 시민 모두의 친구이자 저항의 상징, 그리고 따스한 위로였다. 그의 노래는 앞으로도 오랫동안, 광장에서, 그리고 우리의 마음속에서 울려 퍼질 것이다.

  누구나 '함께하는 사람'이 큰 힘이 된다는 말을 알고 있다. 하지만 정작 살아가다 보면, 정말로 함께할 수 있는 사람을 만나는 일이 얼마나 어려운지 절실히 느끼게 된다. 마음을 나누고, 서로를 믿고, 기꺼이 곁에 있어 줄

수 있는 사람. 그런 인연은 흔치 않다.

그런데 2024년 크리스마스, 나는 그 소중한 선물을 가득 받았다. 광장에서 만난 수많은 사람들. 이름도 다르고 나이도 다르고 사는 곳도 달랐지만, 우리는 같은 마음으로 한자리에 모였다. 서로를 의지하고 신뢰하고, 진심으로 응원할 수 있는 사람들이었다. 그들과 함께여서, 차가운 겨울바람도, 세상의 무거운 짐도 한결 가벼워졌다.

'함께'라는 선물, 그것이야말로 2024년 크리스마스가 내게 준 가장 큰 기적이었다. 촛불이 흔들리는 광장 한가운데서, 나는 깨달았다. 혼자가 아

니라는 사실, 그리고 우리가 서로의 힘이 되어줄 수 있다는 믿음이야말로 어떤 어려움도 이겨낼 수 있는 진짜 힘이라는 것을.

그 겨울, 나는 그 기적을 선물 받았다. 그리고 그 기적은 오래도록 내 마음을 따뜻하게 밝혀줄 것이다.

그 겨울, 가수 백자와 더불어 내게 가장 큰 크리스마스 선물이 되어준 사람들이 있다. 바로 극단 '경험과 상상'이다. 촛불집회가 있는 곳이면 어디든 늘 그들이 있었다. 차가운 광장 한복판에서, 무대 위에서, 때로는 거리 한켠에서, 그들은 언제나 예술로 연대의 메시지를 전했다.

사실 이 극단은 내게 참 많은 '첫 경험'을 선물했다. 극장에서 연극을 본 것도, 뮤지컬 공연을 접한 것도 모두 '경험과 상상'을 통해서였다. 그들의 무대를 통해 나는 배우로 살아가는 이들의 삶과 고민, 그리고 예술이 가진 힘을 가까이에서 느낄 수 있었다. 무대 위에서 펼쳐지는 이야기는 단순한 공연이 아니라 우리 모두의 현실과 희망, 연대와 용기를 담아낸 살아있는 메시지였다.

'경험과 상상'은 예술의 힘을 믿는다. 그 믿음은 관객인 나에게도 고스란히 전해졌다. 촛불이 흔들리는 밤, 그들의 연극과 노래, 춤과 퍼포먼스는

얼어붙은 마음을 녹이고 서로를 향한 온기를 나누게 했다. 그들과 함께한 순간순간이 내게는 그 겨울을 견디게 해준 또 하나의 기적이었다.

이제 나는 안다. 예술이란, 함께하는 사람들과의 경험 속에서 더욱 빛난다는 것을. 극단 '경험과 상상'—그 이름처럼, 그들은 내게 새로운 경험을, 그리고 더 넓은 상상을 선물해주었다. 지난겨울, 나는 그들과 함께여서 진심으로 행복했다.

무엇인가를 간절히 소망하면 언젠가는 꼭 이루어진다는 믿음. 그 믿음을 놓지 않는 사람들이 있었다. "윤석열을 끌어내리기 위해 국회의원이 되었

다"라고 말하는 박은정 조국혁신당 의원, 그리고 한화이글스 유니폼을 입고 광장에 선 촛불 시민. 서로 다른 자리, 서로 다른 모습이지만 그들은 같은 꿈을 품고 있었다.

  그 두 사람의 만남은 그 겨울, 우리가 함께 걸어온 길을 상징하는 듯했다. 파면 선고까지, 결코 쉽지 않은 길임을 모두가 알고 있었다. 하지만 그 길을 함께 걷겠다는 굳은 다짐과, 포기하지 않는 희망이 서로의 눈빛 속에 고스란히 담겨 있었다. '함께라면 반드시 이룰 수 있다'—그 믿음이 광장 전체를 조용하지만 단단하게 감싸고 있었다.

겨울의 광장에는 차가운 바람만이 아니라, 간절한 소망과 따뜻한 연대가 피어나고 있었다. 서로의 손을 잡고, 같은 노래를 부르며 우리는 다시 한번 믿게 되었다. 진심으로 바라는 마음과 연대의 힘이 있다면 어떤 어려움도 반드시 이겨낼 수 있다는 것을.

그 밤, 광장은 희망의 온기로 가득했다. 그리고 그 온기는 앞으로 우리가 걸어갈 길을 밝혀주는 등불이 되어주었다.

너무 힘들고 지칠 때면 어디선가 무당이 나타났다. '무당 정권'을 퇴치하기 위해 나타난, 진짜 무당 아닌 '촛불의 무당'이. 정신을 쏙 빼놓는 유쾌한 퍼포먼스와 재치로 잠시나마 우리의 걱정과 고통을 날려준 사람. 바로 백지(본명 백지은)다.

백지는 늘 변신의 귀재였다. 때로는 김희선으로, 때로는 유튜브 라이브 판매원으로, 그리고 때로는 알 수 없는 기상천외한 캐릭터로 광장에 등장했다. 그녀가 마이크를 잡는 순간, 차가운 광장은 웃음바다가 되고 시민들은 잠시나마 현실의 무게를 잊었다. 백지의 재치와 유머, 그리고 따뜻한 에너지는 촛불집회의 또 다른 힘이자 모두의 보배였다.

생각해보면, 백지의 이런 모습이 없었다면 그 추위와 찾아오는 고통을 어찌 이겨낼 수 있었을까? 그녀가 있어 우리는 웃을 수 있었고 다시 힘을 낼 수 있었다. 백지는 단순한 퍼포머가 아니라 모두의 마음을 어루만지는

마법사였다.

　겨울밤 광장에 퍼지는 그녀의 웃음소리, 그리고 변신 퍼레이드는 우리에게 소중한 위로이자 다시 일어설 수 있는 용기였다. 촛불의 보배, 백지―그녀 덕분에 우리는 그 겨울을 조금 더 가볍고, 조금 더 따뜻하게 건널 수 있었다.

　촛불집회에는 소개하고 싶은 사람들이 정말 많다. 옛 사진을 정리하다 보면, 2002년 미선이·효순이 사건 때 피켓을 들고 나왔던 고등학생 소녀가 있다. 그녀는 이제 조국혁신당의 강미정 대변인이 되어 여전히 광장에서 목소리를 내고 있다. 박근혜 탄핵 집회 때는 추운 밤마다 따뜻한 커피를 나눠주던 '촛불다방'이 있었고, 조국 수호 집회에서는 거리를 누비던 젊은 안진걸의 모습이 사진 속에 남아 있다. 여의도의 공수처 설치 집회에서는 지금의 촛불 자원봉사단이 당당하게 광장을 누볐다.

　이 모든 사람들이 내 사진 속에 담겨 있다. 하지만 그들은 멈춰 있는 피사체가 아니다. 지금도 살아 움직이며, 민주주의의 동력이 되어 또 다른 피사체로, 또 다른 주인공으로 광장을 걷고 있다. 사진 속 그 모습은 과거의 기록이 아니라 현재의 연대와 미래의 희망을 품고 있다.

　그들은 불의에 맞서 민중의 저항을 이끌어가는, 지치지 않는 원동력이다. 세월이 흘러도, 시대가 바뀌어도 이들의 얼굴과 이름, 그리고 그들이

함께한 순간들은 민주주의의 역사 위에 살아 숨 쉬고 있다.

　광장에 모인 수많은 사람들, 그들의 작은 행동과 뜨거운 마음이 모여 우리는 다시 한번 희망을 노래한다. 사진 속 그들은 오늘도 우리 곁에서 민주주의를 지키는 살아있는 증인이고, 내일을 향해 함께 걷는 동지들이다.

　차가운 바람이 얼굴을 스치던 밤, 나는 조용히 두 손을 모았다. 2024년의 크리스마스 광장 한가운데, 작은 촛불 하나. 흔들리는 불빛에 마음을 얹었다. 부당한 권력도, 날카로운 탄압도, 이 겨울 끝에는 없었으면. 가난이 죄가 아니고 누구도 차별받지 않는 그런 세상, 오기를 바랐다

　모두가 평등하게 서로를 바라보고 행복이 어지럽지 않은 따뜻한 날들이 우리 곁에 머물면 좋겠다. 작은 불꽃 하나에 희망을 실어 밤하늘을 올려다본다. 이 소박한 바람이 내년 크리스마스에는 더 밝은 빛으로 돌아오기를.

　겨울밤, 촛불 아래 떨리는 내 마음, 그 애틋한 기도가 세상을 조금씩 따뜻하게 물들였으면. 오늘도 나는 조용히 기도한다.

Chapter 6.

저항의 태양이 떠오르다

아직도 곳곳에 내란의 잔재가 남아 있었다.
집회의 열기는 더욱 뜨거워졌고,
광장은 인산인해를 이루었다.
서울 거리 곳곳이 민주주의 수호의 전쟁터였다.
그렇게 우리는 동지가 되어가고 있었다.

여느 때와 다름없이 태양은 떠올랐지만, 2024년의 태양은 더 이상 볼 수 없었다. 그해의 태양은 이미 역사의 저편으로 저물었고, 나는 2025년의 새로운 태양을 바라보며, 다시 일어서는 대한민국을 꿈꿨다. 그 소망은 결코 나 혼자만의 바람이 아니었다.

새해 첫날, 수많은 시민들이 어김없이 광장으로 달려 나왔다. 이제는 단순히 여의도만이 아니었다. 경복궁 앞 도로를 가득 메운 인파, 헌법재판소 인근 안국역까지 이어진 행렬—그 거대한 물결 속에서 나는 대한민국이 다시 깨어나고 있음을 느꼈다.

시민들의 함성은 점점 더 커져만 갔다. 매서운 겨울바람도, 살을 에는 추위와 폭설도, 경찰의 거센 탄압도, 인터넷에 떠도는 온갖 가짜뉴스도 이 성난 시민들의 행진을 막을 수 없었다. 모두가 한마음 한뜻으로, 더 나은 내일을 위해 발걸음을 맞추었다.

그날의 기억이 아직도 선명하다. 서로의 손을 꼭 잡고 눈물과 웃음이 뒤섞인 얼굴로, 우리는 광장에 서 있었다. 그곳에서 우리는 다시 희망을 노래했고, 새로운 태양 아래서 대한민국의 회복을 다짐했다.

2025년의 태양은 그렇게, 우리 모두의 소망과 용기를 비추며 떠올랐다. 그리고 나는 믿었다. 그날의 함성과 행진이, 이 나라의 미래를 반드시 바꿔낼 것임을….

2025년 1월 초부터 3월 말까지 윤석열 대통령에 대한 헌법재판소의 탄핵 심리가 집중적으로 진행되었다. 박근혜 전 대통령의 경우, 2016년 12월 9일 국회에서 탄핵소추안이 가결된 뒤 헌법재판소의 파면 선고까지 91일(또는 92일)이 걸렸고, 노무현 전 대통령은 2004년 탄핵소추안 의결 및 심판 청구부터 선고까지 63일이 소요됐다. 이러한 전례를 기준으로, 2024년 12월 14일에 탄핵소추안이 의결된 윤석열 대통령의 경우도 판결이 빠르면 2월 말, 늦어도 3월 초나 중순까지 충분히 나올 수 있으리라는 전망이 다수였다

만약 2월 말에 판결이 나온다면 3월에 대선이 치러지고 4월이면 새로운 민주정부가 탄생할 수 있다는 기대감이 온 나라를 뒤덮었다. 나 역시 설렘

과 희망으로 가슴이 벅차올랐다. 수많은 선배들이 피와 땀으로 일구어낸 민주화운동의 토대 위에서 지금 살아 숨 쉬는 우리가 그 유산을 더 단단하게 만들 기회를 맞이했다는 사실이 믿기지 않을 만큼 감격스러웠다.

이제는 모두가 평등한 권리를 누리고 국민주권이 온전히 실현되는 더욱 아름다운 대한민국이 펼쳐질 수 있으리라. 오랜 세월, 우리 선조들이 그토록 꿈꿔온 대동세상—차별과 억압이 사라지고 누구나 존엄하게 살아갈 수 있는 나라—그 꿈이 현실이 될 문턱에 우리는 서 있었다.

겨울의 끝자락, 차가운 바람 속에서도 희망의 불씨는 꺼지지 않았다. 광장과 거리, 그리고 우리의 마음속에서 피어오르는 기대와 설렘은 새봄을 재촉하는 따스한 햇살처럼 번져갔다. 이 역사의 순간, 우리는 다시 한번 민주주의의 가치를 되새기며 더 나은 내일을 향해 한 걸음 한 걸음 나아가고 있었다.

이제 곧 새로운 대한민국이 시작될 것이고, 그 길 위에 나 역시 함께 서 있다는 사실이 무엇보다도 자랑스럽고 행복했다. 우리 모두의 손으로, 우리 모두의 힘으로, 진정한 대동세상을 만들어갈 수 있으리라 믿었다.

2025년 봄, 대한민국은 분명 변화를 향해 나아가고 있었지만, 우리 주변에는 여전히 내란의 잔재가 남아 있었다. 내란을 옹호하고 그들의 행동을 정당화하는 이들이 곳곳에 도사리고 있었다. 나중에 알게 된 사실이지만,

내란 당일 국회 본청이 군인들에 의해 침탈당하고 있을 때, 국민의힘 초선 의원이라 밝힌 자가 국회에 대자보를 붙여 윤석열의 탄핵을 다시 한번 숙고해달라고 호소했다고 한다. 자유민주주의와 법치를 입에 올리면서도 실제로는 내란 수괴를 옹호하고 민중을 오도하려는 세력들이 존재하고 있었던 것이다.

이러한 움직임은 단순한 정치적 이견을 넘어 헌법 질서 자체를 위협하는 심각한 문제였다. 내란을 정당화하려는 시도, 극우 세력의 허위 정보 유포와 폭력적 행동, 그리고 심지어 국가기관 일부에서조차 내란 세력을 비호하는 모습이 드러났다. "내란 옹호 세력은 국민이 결코 용서하지 않을 것"이라는 목소리가 드높았고, 대학가와 시민사회에서도 내란 옹호 세력을 규탄하는 집회와 성명이 이어졌다.

무엇보다도 내란의 주범들이 아직도 국가기관 곳곳에 남아 권력을 행사하고 있다는 사실은 깊은 우려를 자아냈다. 내란의 잔불을 확실히 정리하지 않으면 언제든 또다시 민주주의를 위협하는 불씨가 될 수 있다. 민주주의의 회복과 새로운 대한민국을 꿈꾸는 시민들의 열망과는 달리 현실은 아직도 완전히 안심할 수 없는 상황임을 절감했다.

이런 현실 앞에서 참으로 통탄을 금할 수 없었다. 선배들이 피와 땀으로 일군 민주주의의 유산이 내란 잔당들의 뻔뻔한 궤변과 집요한 저항 앞에서 다시 흔들릴까 염려스러웠다. 역사는 우리에게 경고한다. 주불을 꺼도

잔불을 정리하지 않으면 산불은 언제든 다시 번질 수 있다. 지금 이 순간에도 우리는 내란의 잔재와 싸우고 있다는 사실을 잊지 말아야 한다.

시민의 분노는 좀처럼 사그라지지 않았다. 매일같이 집회가 이어졌고, 그 열기는 오히려 더 거세졌다. 특히 촛불행동은 집회의 전선을 안국동 헌법재판소 인근으로 옮겼다. 누군가는 이를 헌재를 압박하기 위한 것이라 했지만, 사실은 수많은 시민의 간절한 목소리가 헌법재판소에 닿기를 바라는 마음에서였다. 안국역 1번 출구 앞 송현 녹지광장은 어느새 새로운 민주화의 성지로 떠올랐다.

경복궁 앞 거리도 예외가 아니었다. 주말이면 100만이 넘는 시민들이 광장을 가득 메웠고, 야당의 천막농성장과 예술단체, 각계 시민단체가 내란을 극복하기 위해 하나둘 모여들었다. 아스팔트 위에서 얼어붙은 손을 맞잡고, 노래하고 춤추며 행진하는 시민들의 모습은 차가운 현실을 녹여냈다. 매서운 겨울바람도, 폭설도, 경찰의 통제도, 인터넷에 떠도는 온갖 가짜뉴스도 이 거대한 행진을 막을 수 없었다.

밤샘 농성에 나선 시민들은 "헌정 질서를 파괴한 윤석열을 8대 0으로 파면하라!"라는 구호를 외치며 100만 명의 서명을 헌재에 제출했다. 종교인과 교수, 학생, 노동자, 소수자까지 모두가 광장에 모여 자신만의 목소리로 연대의 의미를 더했다. SNS와 온라인 커뮤니티를 통한 자발적 기부와 선결제, 실시간 토론과 투표 등은 이번 집회를 과거보다 더 유기적이고 확장된 민주주의 실험장으로 만들었다.

이제 송현 녹지광장과 경복궁 앞, 안국역과 광화문 사이 거리는 단순한 집회 장소에 머물지 않고 새로운 민주주의의 심장으로 다시 뛰고 있었다. 시민들은 더 이상 두려워하지 않았다. 오히려 이 위기 속에서 민주주의의 힘과 연대, 그리고 희망을 다시 발견했다.

희망은, 언제나 광장에서부터 시작된다는 사실을 우리는 다시 한번 확인하고 있었다. 대한민국은 시민의 힘으로 다시 태어나고 있었다.

2025년 서울의 거리는 민주주의를 수호하기 위한 전쟁터가 된 것처럼 보였다. 그 추운 겨울 눈보라가 치는 밤에도 시민들은 "윤석열을 파면하라!"라고 적힌 손팻말을 꼭 쥐고, 바닥에 누워 밤을 지새웠다.

그리고 그들을 응원하기 위한 시민들의 방문에 광장은 인산인해를 이루었다. 서로 떡을 나누고, 음료를 나누며, 그렇게 우리는 더욱 굳건한 동지가 되어가고 있었다.

Chapter 7.
광장의 사람들

그날의 우리에게는 간절함과 절박함이 있었다.
민주주의를 수호하겠다는 공감이
우리 사이에 존재했다.
그리고 우리는 말하지 않았지만,
모두 서로의 진정성을 느끼고 있었다.

인상 깊었던 장면 중 하나는 현장에 나온 시민들의 사연이었다. "오늘 엄마 생신인데 윤석열 니 하나 때문에 내가 여기서 이러고 있다"라고 적힌 피켓을 든 20대 여성은 수줍음에 웃고 있었지만, 현장에 참여하셨던 모든 분들이 함께 "어머님, 생신 축하드립니다!"를 외쳐주었다. 보통 우리 문화에서는 부모님의 생신에는 부모님과 함께하는 것이 일반적이다.

이 여성이 이곳까지 나올 수밖에 없었던 이유는 무엇이었을까? 집회에 대한 단순한 호기심? 아닐 것이다. 적어도 그날의 우리에게는 간절함과 절박함이 있었다. 민주주의를 수호하겠다는 공감이 우리 사이에 존재했다. 그리고 우리는 말하지 않았지만, 모두 서로의 진정성을 느끼고 있었다.

어느 날, 인천에서 찾아온 두 명의 중학생 소녀가 있었다. 그날따라 기온이 뚝 떨어지고 바람까지 매섭게 불기 시작했다. 그런데 이 두 학생, 도대체 왜 그렇게 얇게 입고 나왔는지 모르겠다. 아마 집회가 처음이라 "추울 리 있겠어?" 하고 나온 모양이다. 아니나 다를까! 집회가 시작되자마자 대열 맨 앞에 앉은 두 소녀는 오들오들 떨기 시작했다. 곧 쓰러질 듯, 하지만 서로의 손만은 꼭 잡고 자리를 지켰다.

'아이고, 이 녀석들아. 너희 그러다 얼어죽겠다.' 속으로 중얼거리다가 그냥 지나칠 수가 없었다. 사진을 찍던 손을 멈추고 내가 입고 있던 점퍼를 벗어 두 소녀에게 덮어주었다. 그 점퍼, 사실 10년 넘은 물건이지만, 내가 가진 옷 중에 최고로 두껍고 따뜻한 옷이었다. 거기에 핫팩까지 여러 개 챙겨다 주었다. 소녀들은 "괜찮아요!" 하면서도, 점퍼를 꼭 끌어안고 고맙다고 연신 인사했다.

문제는 그다음부터였다. 안 추운 척 뛰어다녔지만, 나 역시 무지하게 추웠다. 하지만 점퍼를 다시 달라고 할 수도 없지 않은가. 소녀들 앞에서 "아저씨, 진짜 추워요…"라고 할 수도 없고, 괜히 더 어른인 척, 일부러 더 뛰었다. 바지 주머니에 핫팩 두 개를 더 넣고, 사진도 찍고, 여기저기 뛰어다녔다.

집에 돌아와 바지를 벗어보니 주머니 안쪽 살에 물집이 잡혀 있었다. 핫팩 화상! 그날 나는 '최고로 따뜻한 점퍼를 벗고, 바지 주머니 속에 핫팩 두 개 넣고, 얼어죽을 뻔한 사람'이었다.

그래도 후회는 없다. 소녀들이 언젠가 "아, 그날 정말 따뜻했어!"라고 기억해준다면, 내 피부에 생긴 물집쯤은 아무것도 아니다. 다만, 다음번엔 얇게 입고 오는 학생들을 위해 핫팩과 담요를 미리 챙겨가야겠다는 교훈을 얻었다. 아니면, 아예 '비상용 점퍼'를 하나 더 들고 다닐까? 어쨌든 그날의 추위 덕분에 나는 조금 더 따뜻한 어른이 된 것 같다.

진짜, 그날 얼어죽는 줄 알았다. 하지만 그 덕분에 그 겨울의 추억은 조금 더 따뜻해졌다.

Chapter 8.

윤석열
1차 체포 시도

그들은 겹겹이 벽을 쌓고 결사항전의 태세로 맞섰다.
대치는 6시간 가까이 지속되었고,
체포영장 집행은 결국 중단됐다.
한밤의 긴장, 새벽의 결의,
그리고 아침의 좌절이 뒤섞인 현장이었다.

2025년 1월 3일.

오전 7시 18분, 공수처와 경찰 합동 수사팀이 관저 인근에 도착했다. 철제 바리케이드와 미니버스, 그리고 경호처 직원들이 정문을 굳게 막고 있었다. 긴장감이 극에 달했다. 관저 앞에는 국민의힘 의원들과 지지자들이 5~6줄로 늘어서 있었고, 경찰은 이들과 대치하며 통제를 강화했다. "윤석열 즉각 체포!"라는 구호와 북소리가 울려 퍼졌다.

오전 8시 2분, 드디어 1·2차 저지선을 뚫고 80명의 수사관이 관저 경내에 진입했다. 그러나 그 앞에는 또 다른 벽이 있었다. 경호처와 군인 200여 명이 겹겹이 벽을 쌓고, 결사항전의 태세로 맞섰다. 공수처 수사관들은 관

저 200m 이내까지 접근했으나 경호처의 물리적 저지에 막혀 더 이상 나아갈 수 없었다.

관저 안팎의 공기는 숨조차 쉴 수 없을 만큼 팽팽했다. 시민들의 구호는 더욱 커졌고, 지지자와 반대자 사이에 고성이 오갔다. 경찰과 공수처, 경호처, 그리고 수천 명의 시민이 한 치의 양보도 없이 맞섰다. 대한민국 헌정 사상 처음으로 현직 대통령에 대한 체포영장이 집행되는 순간, 모두가 역사의 증인이었다.

그러나 그날, 체포영장 집행은 경호처의 완강한 저지로 결국 중단됐다. 공수처는 "관저까지 접근했으나 안전 우려가 커 집행을 중지한다"라고 밝혔다. 한밤의 긴장, 새벽의 결의, 그리고 아침의 좌절이 뒤섞인 현장이었다.

경호처장 박종준은 형사소송법 제110조와 제111조(공무상 비밀장소 출입 제한)를 근거로 체포팀의 출입을 거부했다. 그러나 이번 체포영장에는 법원이 이례적으로 해당 조항의 적용 예외를 명시했다. 판사는 대통령 체포를 위한 관저 진입이 불가피하다고 판단해 "110조와 111조 적용을 예외로 한다"라는 특별 규정을 영장에 포함시켰다. 그럼에도 경호처는 대통령경호법과 자체 해석을 앞세워 물리적 저지를 이어갔다.

관저 진입을 시도한 체포팀 80명은 세 차례의 저지선을 뚫었지만, 마지

막에는 경호처와 군인 200여 명이 팔짱을 끼고 만든 '인간 벽' 앞에서 멈춰 설 수밖에 없었다. 경호처와 협의 끝에 공수처 검사 세 명이 영장을 제시했으나, 윤 대통령 측은 "영장이 불법"이라며 응하지 않았다. 현장에서는 몸싸움과 고성이 이어졌고, 대치는 6시간 가까이 지속됐다.

결국 오후 1시 30분, 공수처는 인력과 안전상의 문제를 이유로 집행 중단을 선언했다. "계속되는 대치 상황으로 사실상 체포영장 집행이 불가능하다고 판단했다. 집행 저지로 인한 안전이 우려되어 집행을 중지한다"라고 공식 입장을 발표했다.

공수처는 체포영장 유효기간이 만료되기 전, 경찰에 집행 권한을 위임하려 했으나 경찰은 "법적 근거가 없다"라며 이를 거부했다. 검경 수사권 조정 이후, 공수처가 경찰을 지휘할 권한이 없다는 점이 쟁점이 됐다. 결국 영장 유효 기간이 만료되면서, 1차 체포영장은 효력을 상실하게 됐다.

그날 관저 앞의 6시간은, 법과 권력, 그리고 물리적 저항이 첨예하게 충돌한 대한민국 헌정사의 한 장면으로 남았다.

Chapter 9.

윤석열 2차 체포 시도

긴장과 대치, 고성과 설전, 그리고 피로가 뒤섞인
7시간의 롤러코스터 끝에 오전 10시 33분,
공수처는 "체포영장 집행 완료"를 공식 발표했다.
대한민국 헌정사상 최초로,
현직 대통령이 체포되는 순간이었다.

새벽 어둠을 뚫고, 서울 한남동 대통령 관저 앞은 이미 전장의 긴장감으로 숨이 막혔다. 2025년 1월 15일, 대한민국 헌정사상 유례없는 '현직 대통령 체포'라는 순간이 그날의 새벽을 집어삼켰다. 1차 집행 실패의 굴욕을 되풀이하지 않겠다는 결의로 공수처와 경찰은 3,200명의 병력을 동원해 관저를 포위했다. 차벽, 철조망, 바리케이드가 관저를 둘러싼 요새처럼 세워졌고, 경찰기동대 54개 부대가 밤새 자리를 지켰다. 관저 주변에는 찬반 집회 인파 6천 명이 몰려, 구호와 고성이 밤공기를 찢었다.

새벽 4시 반, 공수처 수사님 차량이 조용히 집결했다. 시민들은 환호성을 지르기 시작했다.

5시 10분, 공수처와 경찰이 윤석열 대통령 변호인단에게 체포·수색영장을 내밀었으나, 변호인단은 이를 거부하며 "불법 집행"이라며 고함을 질렀다. 그 순간, 국민의힘 의원 30여 명과 변호인단이 관저 입구에 '인간 띠'를 만들어 몸으로 저항했다.

　"막아라!"
　"쿠데타다!"

　현장은 아수라장이었고, 경찰은 확성기로 "영장 집행 방해 시 현행범 체

포"를 경고했다.

5시 45분, 공수처와 경찰이 차벽과 바리케이드를 제거하며 진입을 시작했다. 1차 저지선은 사다리를 타고 넘었고, 2차 저지선은 우회로를 찾아 돌파했다. 3차 저지선 앞에서 다시 한번 거센 대치가 벌어졌지만, 경찰은 크레인과 절단기까지 동원해 장애물을 해체했다.

7시 57분, 마침내 관저 정문 앞 4차 저지선까지 도달했다. 경호처는 마

지막까지 내부 경비를 강화했으나, 대규모 병력과 압도적 물량 앞에 물리적 충돌은 끝내 벌어지지 않았다.

긴장과 대치, 고성과 설전, 그리고 피로가 뒤섞인 7시간의 롤러코스터 끝에 오전 10시 33분, 공수처는 "윤석열 대통령 체포영장 집행 완료"를 공식 발표했다. 대한민국 헌정사상 최초로, 현직 대통령이 체포되는 순간이었다.

변호인단과 국민의힘 의원들은 끝까지 저항했으나, 법의 이름으로 강행된 체포 앞에 모두 무력했다. 윤 대통령은 곧장 공수처로 이송됐고, 구속영장이 발부되어 구치소에 수감됐다.

이날의 한남동은 법치와 권력, 저항과 집행, 대한민국 현대사의 가장 격렬한 드라마가 실시간으로 펼쳐진 현장이었다. "이것이 민주주의인가, 쿠데타인가"—누군가의 외침이 아직도 그 새벽의 공기를 울리고 있다.

Chapter 10.

기다림, 고마움, 그리고 미안함

"세상 풍경 중에서 제일 아름다운 풍경,
모든 것들이 제자리로 돌아가는 풍경"
우리는 머잖아 투쟁을 끝내고 모두 각자의 자리로
돌아갈 수 있다는 소망을 품게 됐다.
그날의 최후변론은 희망의 메시지로 남았다.

가족들의 얼굴을 마지막으로 본 게 언제였는지 기억조차 가물가물했다. 집회가 끝나고 집에 도착하면 이미 시곗바늘은 새벽 한 시 혹은 두 시를 가리키고 있었다. 잠깐 눈을 붙이고 나면 다시 광장으로 나가야 했다. 그곳에서 나는 시민들의 얼굴과 목소리를 카메라에 담았다. 그 시절, 대한민국은 도무지 무슨 일이 일어날지 알 수 없는 혼돈의 시기였다. 그래서 나는 늘 광장에 서 있었다.

안국동 송현 녹지광장에 눈이 내렸다. 한겨울, 하얀 눈이 조용히, 그리고 소복이 쌓였다. 그 눈은 마치 사랑하는 연인과 손을 맞잡고, 세상에 단둘만 남은 듯 발자국을 남기며 걷고 싶게 만드는 눈이었다. 하지만 그 겨울, 내

게는 그런 낭만을 누릴 여유가 없었다.

　광장에 쌓인 눈을 치우고, 집회 큐시트를 다시 확인하며, 또 하루의 집회를 준비했다. 눈 내린 광장은 잠시나마 모든 소란을 덮어주는 듯했지만, 이내 다시 사람들의 발걸음과 목소리로 가득 찼다.
　이따금, 광장 한켠에서 잠시 쉬며 하얀 눈을 바라보았다. 그때마다 문득 문득 가족이 그리웠다. 따뜻한 집, 가족의 웃음소리, 그리고 평범한 일상. 그러나 그 모든 것을 잠시 뒤로한 채 나는 그 겨울 내내 광장에 있었다. 혼란 속에서도, 누군가는 기록해야 할 순간들이 있었으니까.

　지금 돌아보면 그 겨울의 광장과 눈, 그리고 그 속의 나는 참으로 낭만적이었다. 비록 여유는 없었지만, 그 시간들이 내 인생에 깊은 흔적으로 남았다. 그리고 언젠가 사랑하는 사람과 함께 눈 덮인 길을 천천히 걷는 날이 오기를 조용히 꿈꿔본다.

　광장의 힘은 참 신기하다. 서로 이름도, 사연도 모르는 사람들이 어느새 친구가 되고, 함께 노래를 부르며 마음을 나누게 된다. 그 특별한 연대의 감정을 처음 느낀 건 2009년 5월 29일 고 노무현 대통령의 노제 현장에서였다. 그날 처음으로 노래패 '우리나라'의 노래를 들었다. 슬픔과 위로, 그리고 다짐이 담긴 그 노래는 광장에 모인 우리 모두의 마음을 하나로 이어주었다.

  시간이 흘러 일상에 묻혀 그 노래를 잊고 지냈다. 그러다 2016년 겨울 박근혜 대통령 탄핵 촛불집회에서 다시 익숙한 멜로디가 들려왔다. 차가운 바람 속, 수많은 촛불이 흔들리던 그 밤에 울려 퍼진 노래 역시 노래패 '우리나라'의 것이었다. 그리고 그 노래는 바로 〈다시 광화문에서〉였다.

  광화문 네거리에서 우리 다시 만나요
  오늘의 함성 뜨거운 노래 영원히 간직해요
  광화문 네거리에서 우리 다시 만나요
  다시 한번 다시 한번 다시 한번

솔직히 말해서, 가수 백자님이 이 글을 본다면 조금 서운해하실지도 모르겠다. 정말 미안하다. 하지만 어쩌겠나. 그때부터 나는 가수 이혜진님의 '찐'팬이었다. 이유를 굳이 따지자면, 그냥 좋았다. 정말, 그냥 좋았다.

가수 이혜진님의 목소리는 뭐랄까, 한 번 들으면 잊을 수가 없다. 맑고 힘차면서도 어딘가 마음을 툭 건드리는 그 울림. 그런데 진짜 매력은 따로 있었다. 노래를 부를 때마다 나오는 본인만의 특이한 팔뚝질! 마치 노래에 온몸을 실어 던지는 듯한 그 제스처에 나도 모르게 심장이 두근거렸다. 그리고 노래가 절정에 다다를 때 터져 나오는 함성! 그 순간만큼은 나도 같이 소리치고 싶어져서 주먹을 꽉 쥐고 따라 외쳤다.

살면서 이런 기적 같은 순간이 또 있을까? 한때 나의 우상이었던 가수 이혜진님을 이제 촛불 현장에서 동지로 만나다니! 생각할수록 놀랍고, 가슴이 벅차올랐다. 이제 같은 광장에서, 같은 촛불을 들고, 같은 마음으로 노래하고 외쳤다. 무대 위의 우상이 어느새 내 곁에 서서 함께 웃고 함께 노래하는 동지가 되었다. 이 얼마나 행복한 일인가! 가끔 농담처럼 "제가 찐팬이었어요!" 하고 말하면 이혜진님은 그냥 웃으며 넘기신다. 하지만 오늘만큼은 이 지면을 빌려 진심을 고백하고 싶다.

"이혜진님! 제가 진짜, 진짜 찐팬입니다!"

헌법재판소에서 윤석열 파면에 대한 재판이 시작되자 마음의 여유가 생겼다. 이제 헌법재판소의 판결을 기다리기만 하면 된다고 생각했다. '설마 이상한 판결이 나오진 않겠지.' 스스로를 위로하며 그렇게 시민들과 광장을 지켰다.

광장의 시민들은 그야말로 다재다능했다. 화가가 노래를 부르고, 화물트럭 기사가 시인이 되고, 연극배우가 평화의 소녀상 나비를 만들어 사람들

의 가슴에 붙여주고, 자신만의 피켓을 만들어와 마케팅 전문가가 된다.

　헌법재판소에서 윤석열 탄핵 심리가 한창이던 그 시기, 아마도 인생에서 가장 자주 술자리에 앉았던 것 같다. 그 술자리는 단순히 술을 마시는 자리가 아니었다. 한잔을 기울이면 서로를 응원하는 말이 자연스럽게 오갔다. 또 한잔을 마시면 각자의 상처를 조심스레 꺼내놓고 서로의 등을 두드려주곤 했다.
　술이 몇 순배 더 돌면, 이제는 아픈 과거도 스스럼없이 꺼낼 수 있을 만큼 우리는 가까워졌다. 그 자리에서만큼은 누구도 남이 아니었고 누구도 혼자가 아니었다. 또 한 번 잔을 채우면, 앞으로 우리가 지켜야 할 것들, 다시는 놓치지 말아야 할 다짐들이 잔 위로 떠올랐다.
　이렇게 술잔을 나누는 동안, 동지들이 점점 더 소중하게 느껴졌다. 누군가는 조용히 내 이야기를 들어주고 누군가는 거침없이 웃음을 터뜨리며 분위기를 풀어줬다. 서로의 상처를 이해하고 서로의 다짐을 응원해주던 그 시간들. 그게 얼마나 큰 힘이었는지, 지금 더 크게 느껴진다.

　긴 겨울의 끝자락, 2025년 2월 25일. 헌법재판소에서 오랜 시간 이어진 치열한 논쟁 끝에 마침내 윤석열 대통령 탄핵 심판의 마지막 변론이 펼쳐졌다. 서로 다른 논리가 부딪히고 각자의 신념이 팽팽히 맞섰던 그 자리에서 국회 측 변호인들은 조용하지만 단단한 목소리로 민주주의의 본질을 되새겼다. 특히 장순욱 변호사는 최후변론의 마지막을 한 편의 노래 가사로 장식했다.

"세상 풍경 중에서 제일 아름다운 풍경, 모든 것들이 제자리로 돌아가는 풍경"

'시인과 촌장'의 노래 〈풍경〉에서 따온 이 한 줄은, 격렬했던 법정의 공기를 따뜻하게 감쌌다. 그는 "이 노랫말처럼 모든 것들이 제자리로 돌아가고 우리도 하루빨리 평온한 일상으로 돌아갈 수 있기를 소망한다"라고 조용히 말했다.

그 순간, 광장에 모인 시민들의 마음에도 작은 파문이 번졌으리라. 오랜 투쟁을 끝내고 우리가 각자의 자리로 평화롭게 돌아갈 수 있다는 소망을 품게 됐다. 세상에서 가장 아름다운 풍경은 모든 것이 제자리로 돌아가는 풍경이라는 말처럼, 우리 사회 각자의 자리가 존중받고 일상이 평온하게 이어지는 날을 꿈꾸었다. 그날의 변론은 단순한 법정 논쟁을 넘어, 모두가 다시 평범한 일상으로 돌아갈 수 있기를 바라는 희망의 메시지로 남았다.

그러나 지귀연 판사의 이름이 뉴스 헤드라인에 오르던 그 날, 모든 것이 무너져 내렸다. 2025년 3월 7일, 서울중앙지법 형사합의25부 지귀연 판사는 구속된 윤석열 대통령에 대한 구속 취소 청구를 받아들였다. 내란 우두

머리와 직권남용 혐의라는 무거운 죄목을 달고 있던 사람의 석방이었다. 법원은 구속기간 산정 방식을 '날'이 아닌 '시간'으로 해석하는 이례적인 결정을 내렸다.

그 한 줄의 판결문이 내 일상에 거대한 균열을 냈다.
그리고 다시 항쟁이 시작됐다.

Chapter 11.

헌법재판소는 윤석열을 파면하라!

윤석열 석방에 대한 저항으로 단식농성이 시작되었다.
또다시 사람들은 자신의 목숨을 걸기 시작했다.
누군가는 자신을 지키기 위해,
누군가는 가족과 동료를 지키기 위해,
그리고 누군가는 이 땅의 미래를 위해.

내란 수괴 윤석열의 석방으로 모두의 신경이 날카로워졌다. 어떻게 법관이란 사람이 저런 판결을 할 수 있단 말인가? 대한민국의 사법부가 저 정도란 말인가? 광화문광장에서는 윤석열 석방에 대한 저항으로 단식농성이 시작되었다. 그야말로 무기한 단식이 시작된 것이다.

문인, 예술인, 정치인, 그리고 평범한 시민들까지. 계층도, 직업도, 나이도 달랐지만 모두가 하나의 결의로 광장에 모였다. 무기한 단식농성. 이름만 들어도 가슴이 먹먹해지는 그 선택을, 그들은 주저 없이 받아들였다.

12.3 내란의 밤이 지나고, 또다시 사람들은 자신의 목숨을 걸기 시작했

다. 누군가는 자신을 지키기 위해, 누군가는 가족과 동료를 지키기 위해, 그리고 누군가는 이 땅의 미래를 위해.

    12.3 계엄의 밤, 젊은 청년들이 가장 소중한 것을 들고 광장으로 나왔던 것처럼, 이번에도 사람들은 두려움에 물러서지 않았다.

    굶주림과 추위, 그리고 끝이 보이지 않는 싸움. 그 모든 고통 앞에서 그들은 흔들리지 않았다. 누군가는 떨리는 손으로 피켓을 들었고 누군가는 말없이 자리에 앉아 눈을 감았다. 몸이 점점 쇠약해져도, 그들의 의지는 오히려 더 단단해졌다.

Chapter 12.

내란 수괴 윤석열의 파면

그 자리에 주저앉아 펑펑 울고 싶었다.
이날의 환호, 이날의 눈물, 이날의 뜨거운 연대감.
이 모든 것은 앞으로도 결코 잊히지 않을,
내 인생 가장 소중한 기억으로 남을 것이다.
그날 우리는 함께 역사를 만들었다.

윤석열 대통령 탄핵 심리가 2025년 2월 25일에 종결되었음에도 불구하고, 헌법재판소는 한동안 최종 판결 선고기일을 발표하지 않았다. 이 시기, 2024년 국회에서 헌법재판관으로 선출된 3인 중 한 명인 마은혁 재판관이 대통령 권한대행의 임명 보류로 인해 여전히 임명되지 않은 상태였다. 그 결과 헌법재판소는 9인 정원 중 8인 체제로 운영될 수밖에 없었고, 이는 절차적 정당성과 심리의 완결성 측면에서 논란을 불러일으켰다.

시민들은 불면증에 시달렸다. 밤이 오면 잠결에 깨 핸드폰을 집어 들었다. '혹시, 오늘은?' 혹시라도 헌법재판소가 윤석열 파면 선고일을 발표했을까 싶어 새벽마다 알림창을 확인했다. 회사에 출근했던 이들은 퇴근 무

렵이면 자연스레 안국동과 광화문으로 발걸음을 옮겼다. 도심의 저녁은 늘 집회로 이어졌다. "헌법재판소는 즉각 윤석열을 파면하라!"라는 구호가 밤하늘을 가르며 울려 퍼졌다.

헌법재판소의 윤석열 파면 선고일 지정이 계속 늦어지자 시민들의 분노는 점점 고조됐다. 답답함과 불안이 임계점에 다다르자 분노한 시민들은 거리로 뛰쳐나왔다.

안국역 일대에서는 야 5당이 주최한 대규모 집회가 개최되었다. 더불어민주당, 조국혁신당, 진보당, 기본소득당, 사회민주당의 의원들과 당원들, 그리고 수많은 시민들이 한목소리로 헌법재판소의 조속한 결정을 촉구하

며 거리에 모였다. 민주노총을 비롯한 여러 시민단체도 집회에 합류해 광장은 거대한 함성과 연대의 물결로 가득 찼다.

불면에 시달리는 밤이었지만 거리를 가득 메운 시민들의 눈빛에서는 절망을 찾아볼 수 없었다. 분노로 굳어진 얼굴 대신 모두가 미소를 머금고 있었다. 그들의 표정에는 희망이 빛났고 내일을 향한 믿음이 담겨 있었다. 마치 김복동 할머니가 우리 곁에 다가와 "희망을 잡고 살자. 나는 희망을 잡고 살아"라고 속삭여주는 듯했다.

모두가 자신의 역할을 당당히 해내고 있었다. 국회의원들은 헌법재판소 앞에서 항의 방문과 1인 시위를 이어가며 시민들의 목소리를 대변했다. 시민들은 안국동과 광화문에 모여 한목소리로 외쳤고, 그 울림은 도심을 넘어 헌법재판소까지 닿았다. 예술인들은 노래와 그림, 퍼포먼스로 집회의 분위기를 한껏 끌어올렸고, 자원봉사자들은 보이지 않는 곳에서 묵묵히 시민들의 안전을 지켰다.

해외에 있는 동포들도 마음을 보탰다. 직접 현장에 올 수는 없어도 성금을 모아 푸드트럭을 보내 시민들에게 따뜻한 음식을 나눠주었다. 모두가 서로를 응원하고 서로의 손을 잡으며 이 거대한 변화의 물결을 만들어가고 있었다.

그리고 천주교정의구현전국사제단의 윤석열 파면 촉구 시국미사가 3월 31일 송현 녹지광장에서 힘차게 울려 퍼졌다. 카메라를 들고 미사의 순간을 담는데 문득 예전에 보았던 '103위 한국 순교 성인화'가 떠올랐다. 그날의 성인들처럼, 그 자리에 모인 이들의 얼굴에도 신념과 연대의 빛이 어렸다. 이 느낌, 참으로 강렬했다. 마치 역사의 한가운데 서 있는 듯, 가슴이 벅차올랐다. 그리고 나는 확신했다. 곧, 정말 곧 좋은 일이 우리 앞에 펼쳐질 것이라는 걸. 희망의 기운이 광장을 가득 메웠고, 모두의 마음이 하나로 뛰기 시작했다.

결국 헌법재판소의 윤석열 대통령 파면 선고일 지정은 3월을 넘겼다. 변론 종결 이후 한 달이 넘도록 선고 일정이 발표되지 않으면서 사회 곳곳에서 온갖 추측이 난무했다. 일부에서는 임기가 얼마 남지 않은 재판관들의 퇴임 시점까지 선고를 미뤄 파면 결정을 무산시킬 수 있다는 의견까지 제기되었고, 매일 뉴스에는 불안과 혼란을 키우는 전망이 쏟아졌다.

이런 불확실성이 커질수록 시민들의 불안과 분노도 함께 고조됐다. 헌법재판소 주변은 혹시 모를 돌발 상황에 대비해 경찰의 차벽과 방어벽으로 완전히 차단되었다. 경찰은 헌법재판소 반경 150m까지 접근을 통제하고,

수백 대의 경찰버스와 수천 명의 경력을 배치해 일대를 사실상 '진공 상태'로 만들었다. 안국역 일대 도로와 인근 주요 출입구도 폐쇄되었고, 집회 참가자와 1인 시위자들까지 통제 구역 밖으로 내보내는 등 전례 없는 경계 태세가 이어졌다.

모두가 초조하게 하루하루를 견디고 있던 그 순간, 휴대전화 화면에 긴급 메시지가 떴다.

"헌법재판소, 윤석열 탄핵 심판 최종 선고기일 4월 4일 오전 11시 지정"

짧지만 무게감 있는 그 소식은 마치 오래도록 기다려온 봄비처럼 우리 마음에 스며들었다. 그날 저녁 안국동에 모여든 시민들의 얼굴이 모처럼 밝아 보였다.

4월 4일 아침이 밝았다. 한남동 대통령 관저 앞에는 이른 시간부터 사람들이 모여들었다. 누군가는 파면이 인용되지 않으면 시민들이 내란 수괴를 잡으러 담을 넘겠다고 말하며 결연한 의지를 드러냈다. 많은 이들은 8:0 파면 인용을 굳게 믿고 있었지만, 그 믿음 뒤에는 어쩌면 기각될지도 모른다는 불안함이 조용히 스며들었다.

　　11시가 가까워지자 광장의 분위기는 숨소리조차 조심스러울 정도였다. 조금 전까지만 해도 "헌법재판소는 즉각 윤석열을 파면하라!"라는 구호가 메아리쳤던 그 자리, 이제는 수천 명의 시민이 무대 앞 스크린을 향해 일제히 시선을 고정했다. 모두의 얼굴에는 극도의 긴장감이 서려 있었다.

　　문형배 헌법재판소장 권한대행이 단상에 올라 판결문을 펼쳤다.

"지금부터 대통령 윤석열 탄핵 사건에 대한 선고를 시작하겠습니다."

또렷한 목소리가 광장에 울려 퍼졌다. 그 순간, 시간마저 멈춘 듯했다. 누군가는 손을 꼭 쥐고 있었고, 누군가는 숨을 삼키며 화면을 바라보았다.

"이 사건 탄핵소추안은 제419회 임시회 회기 중에 발의되었으므로 일사부재의 원칙에 위반되지 않습니다."

사람들의 환호성이 들려왔다. 그리고 소추 사유별 선고 내용이 낭독되고 있었다.

"피청구인은 계엄 선포에 그치지 아니하고 군경을 동원하여 국회의 권한 행사를 방해하는 등의 헌법 및 법률 위반 행위로 나아갔으므로 경고성 또는 호소형 계엄이라는 피청구인의 주장을 받아들일 수 없습니다. 그렇다면

이 사건 계엄 선포는 비상계엄 선포의 실체적 요건을 위반한 것입니다."

또다시 시민들의 환호 소리가 들려왔다.
국회에 대한 군경 투입에 관한 판결이 이어졌다. 당연한 판결이었지만 내란혐의에 아주 중요한 부분이기에 긴장감이 맴돌았다.

"피청구인은 국회의 권한 행사를 막는 등 정치적 목적으로 병력을 투입함으로써 국가 안전 보장과 국토방위를 사명으로 하여 나라를 위해 봉사하여 온 군인들이 일반 시민들과 대치하도록 만들었습니다. 이에 피청구인은 국군의 정치적 중립성을 침해하고 헌법에 따른 국군 통수 의무를 위반하였습니다."

또다시 시민들의 환호 소리가 들려왔다. '파면이 확정이겠구나!' 하는 확신이 들기 시작했다. 하지만 촛불행동 방송팀 동지들의 모습에서는 평소에 보지 못했던 긴장감이 역력했다.

포고령 발령, 선관위 압수수색, 법조인에 대한 위치 확인 시도에 대한 판결문이 연이어 낭독되었고 "피청구인의 법 위반 행위가 헌법 질서에 미친 부성석 영향과 파급 효과가 중대함으로 피청구인을 파면함으로써 얻는 헌법 수호의 이익이 대통령 파면에 따르는 국가적 손실을 압도할 정도로 크다고 인정됩니다"라는 소식이 전해졌다. 박근혜 파면 당시 들었던 판결과 너무나도 유사했다. 이제 주문선고만 남아 있었고, 시민들은 극도의 긴장감으로 그 순간을 함께했다.

"이에 재판관 전원의 일치된 의견으로 주문을 선고합니다. 탄핵 사건이므로 선고 시각을 확인하겠습니다. 지금 시각은 오전 11시 22분입니다. 주문, 피청구인 대통령 윤석열을 파면한다."

순간, 광장이 터질 듯한 환호로 뒤덮였다. "피청구인 대통령 윤석열을 파면한다"라는 주문이 낭독되던 그 찰나, 수천 명의 시민들이 동시에 두 팔을 번쩍 들고 외쳤다. 함성, 박수, 그리고 서로를 끌어안으며 흘리는 눈물. 나는 무대 위에서 그 모든 장면을 바라보다가, 결국 참았던 눈물을 쏟아내고 말았다.

그냥 그 자리에 주저앉아 펑펑 울고 싶었다. 지난 3년의 힘겨웠던 시간들이 마치 주마등처럼 머릿속을 스쳐 지나갔다. 가족들에게 미안했던 마음도, 이 순간만큼은 조금은 덜어진 듯했다.

광장에 울려 퍼지는 함성. 서로를 부둥켜안고 기쁨을 나누는 시민들. 깃발이 휘날리고 노래가 터져 나오는 이 환희의 순간. 모두가 하나가 되어, 마침내 이룬 승리의 순간을 만끽하고 있었다.

이날의 환호, 이날의 눈물, 이날의 뜨거운 연대감. 이 모든 것은 앞으로도 결코 잊히지 않을, 내

인생 가장 소중한 기억으로 남을 것이다. 그날 우리는 함께 역사를 만들었다. 그리고 그 역사의 한가운데 기쁨과 해방의 눈물이 흐르고 있었다.

3년이 넘는 긴 싸움이었다. 2022년 3월 26일, 대선 패배의 씁쓸함을 달래려 아내와 함께 광화문을 산책하던 그 날의 기억이 아직도 선명하다. 우연히 마주친 촛불행동의 행렬, 그리고 그 자리에서 만난 김민웅 교수님. 그 만남이 내 인생의 방향을 송두리째 바꿔놓았다.

그날 이후 나는 윤석열 정부와 맞서 싸우는 길에 들어섰다. 매주 광장에 나가 목소리를 높였고 새로운 사람들과 손을 잡았다. 열정과 용기로 가득한 시민들, 함께 울고 웃으며 나눈 수많은 밤들. 그 모든 순간이 내 삶을 완전히 새롭게 만들었다.

만약 3월 26일 그 행렬을 만나지 않았다면, 만약 김민웅 교수님과 인연이 닿지 않았다면, 그리고 그 후에 이토록 뜨거운 시민들을 만나지 않았다면, 나는 아마도 작은 소도시에서 평범한 일상을 살아가는 그저 그런 아저씨로 남았을 것이다.

하지만 나는 선택했고, 함께 걸었다. 그 선택이 오늘의 나를 만들었다. 이제 나는 안다. 평범한 일상도, 뜨거운 투쟁도, 모두가 소중한 삶의 한 장면임을. 그리고 오늘 이 환희의 순간을 온몸으로 맞이할 수 있음에, 다시 한번 감사한다.

Chapter 13.

정권 교체와 민주정부 수립

결국 국민이 승리했다.
민주주의가 승리했다.
이제 시민권력의 시대가 열렸다.
모두가 평등한 세상, 공정한 세상,
대동세상으로 한 걸음씩 나아가자!

대통령의 궐위로 2025년 6월 3일, 대한민국 제21대 대통령 선거일이 확정됐다. 60일이라는 짧은 준비 기간, 전국은 다시 한번 선거 열기로 달아올랐다. 더불어민주당 역시 빠르게 대통령 후보 경선 체제로 전환했다. 이재명, 김동연, 그리고 김경수. 세 명의 후보가 다시금 당원과 국민 앞에 섰다. 3년 전, 그날처럼 또다시 당내 경선의 계절이 돌아온 것이다.

그리고 4월 16일. 봄바람이 부는 거리엔 노란 리본이 나부꼈다. 세월호 참사 11주기. 10년 전 그날처럼, 올해도 어김없이 전국 곳곳에서 추모의 물결이 이어졌다. 슬픔을 극복하려면 살아있는 자들의 위로가 필요했다. 그리고 늘 그랬듯 이날도 기억하는 사람이 연대했다. 우리가 나아가야 할

길이었기 때문이다.

더불어민주당은 2025년 4월 27일 경기도 고양시 킨텍스에서 전국 순회 경선을 마치고 최종 득표 결과를 발표하였다. 예상대로 이재명 후보가 88.77%라는 역대 최고의 압도적 지지율로 더불어민주당 제21대 대통령 선거 후보로 선출되었다.

이 과정 또한 순탄치 않았다. 윤석열 정권 내내 검찰은 이재명 후보를 향해 집요한 수사와 반복적인 압수수색, 그리고 무리한 공소 제기로 정치적 압박을 멈추지 않았다. 이재명 후보 본인은 물론, 주변 인물과 과거 사무실까지 먼지털이식으로 뒤졌고, 검찰권이 정적을 치는 몽둥이로 전락했다는 비판이 끊이지 않았다.

지난 대선에서 패배한 야당 후보에게 공직선거법 위반 혐의로 1심에서 유죄가 선고됐을 때, 많은 이들은 '정치적 보복'이라는 의심을 거두지 못했다. 그러나 2025년 3월 26일, 서울고등법원 항소심에서 이재명 후보는 무죄를 선고받았다. 잠시나마 '사법 리스크'가 해소되는 듯 보였고, 민주당 지지층은 안도의 한숨을 내쉬었다.

하시만 이 평온은 오래가지 않았다. 조희대 대법원장은 전례 없이 빠른 속도로 사건을 대법원 전원합의체에 회부했고, 6만 쪽이 넘는 기록을 불과

한 달 남짓 만에 검토하고 5월 1일 유죄 취지로 파기환송 결정을 내렸다. 특히 '6·3·3 원칙(1심 6개월, 2·3심 각 3개월 내 선고)'을 당선자가 아닌 낙선자에게까지 적용한 것은 사법사상 유례없는 일이었다. 민주당은 "사법 쿠데타", "대선 개입"이라며 거세게 반발했고, 법조계 일각에서도 "파기환송을 빙자한 유죄 파기자판"이라는 비판이 쏟아졌다.

이 장면은 법이라는 이름으로 한 정당의 대선 후보를 무대에서 끌어내리려 한, 사법부의 정치 개입이자 사법 쿠데타로 기록될 것이다. 검찰의 정치적 수사, 그리고 대법원의 전례 없는 속도전과 단정적 판결. 국민이 선출할 대통령직 후보를 법정에서 제거하려 한 이 사법의 폭주는 대한민국 민주주의의 근간을 뒤흔든 역사적 오점으로 남게 될 것이다. 분노와 허탈, 그리고 결연함이 교차한 그 순간, 시민들은 다시 분연히 일어섰다.

대법원 앞, 촛불이 다시 타올랐다. 시민들은 조희대 대법원장을 비롯한 대법원의 사법 쿠데타에 분노하며 광장에 모였다. 그 분노는 정당했다. 파기환송심이 대통령 선거 이전인 5월 15일로 정해졌다는 사실, 그리고 선거운동 기간 내내 재판 일정을 끼워 넣어 후보의 선거운동을 방해하려던 시도—이 모든 것은 결코 용납될 수 없는, 민주주의에 대한 도전이었다.

시민들은 침묵하지 않았다. 그들은 촛불을 들고, 구호를 외치며, 사법부의 권력 남용에 맞섰다.

"민주주의를 지켜라!"
"사법 쿠데타를 멈춰라!"

외침이 밤하늘을 가르며 울려 퍼졌다. 이 땅의 주권은 국민에게 있음을, 사법부가 결코 국민 위에 군림할 수 없음을 시민들은 행동으로 보여주었다.

결국 법원은 시민들의 거센 요구 앞에 물러섰다. 모든 재판 일정은 대통령 선거 이후로 연기되었다. 이것은 시민의 힘이 사법의 오만을 꺾은, 민주주의의 승리였다. 촛불은 꺼지지 않았다. 오히려 더 밝게 타올랐다. 대한민국의 민주주의는, 깨어 있는 시민의 힘으로 다시 한번 지켜졌다.

2025년 5월 12일, 마침내 제21대 대통령 선거의 공식 선거운동이 시작됐다. 새벽 0시, 각 정당 후보들은 저마다의 출정식으로 전국을 깨웠다. 그러나 그중에서도 국민의힘이 보인 행보는 국민적 분노를 자아내기에 충분했다. 내란으로 대통령이 파면되었고, 헌정질서가 무너진 뒤 치러지는 두 번째 조기 대선. 그럼에도 불구하고 국민의힘은 뻔뻔하게도 또다시 후보를 내세웠다.

더욱 기가 막힌 것은, 선거운동 개시를 불과 며칠 앞두고 김문수에서 한덕수로 후보를 교체하려는 시도를 감행했다는 점이다. 절차적 정당성도, 국민에 대한 최소한의 예의도 찾아볼 수 없는 이 행태는, 이 정당이 과연 국민의 뜻을 한 번이라도 헤아린 적이 있는지 묻게 만든다. 당내 여론조사 결과

를 공개하지 않고 '깜깜이' 방식으로 후보 교체를 시도하는 모습에서는 오로지 권력만을 좇는 집단의 민낯이 적나라하게 드러났다.

국민의힘은 대통령의 내란이라는 국가적 참사를 초래한 집단이다. 그런 정당이 아무렇지 않게 또 대통령 선거에 후보를 내고 국민 앞에 나서는 것 자체가 국민에 대한 모욕이다. 민주주의의 기본도, 책임감도, 반성도 없는 정당이 국민의 선택을 받을 자격이 있는가? 사라져야 마땅한 정당이 다시금 후보를 내세우고 선거판에 뛰어드는 현실은, 우리 사회가 아직도 얼마나 많은 과제를 안고 있는지 보여주었다. 그럼에도 불구하고 수없이 많은

민주시민들은 내란을 극복하기 위한 더불어민주당의 대통령 선거 유세 현장을 가득 메웠다.

2025년 5월 28일, 대선 후보 3차 TV 토론회에서 개혁신당 이준석 후보의 성희롱에 가까운 막말이 전국을 충격에 빠뜨렸다. 여성의 신체를 대상으로 한 성폭력적 언급이 생중계로 전파를 타자, 시민사회와 정당, 그리고 수

많은 유권자들은 분노를 감추지 못했다. "정치가 혐오와 폭력 위에 설 수 없다"라는 외침이 광장을 메웠고, 이준석 후보의 사퇴를 촉구하는 목소리가 빗발쳤다.

대한민국의 민주주의는 결코 위축되지 않았다. 바로 다음 날, 5월 29일, 제21대 대통령 선출을 위한 사전투표가 전국 3,568개 투표소에서 시작됐다. 유권자들은 이날만을 기다렸다는 듯 새벽부터 투표소에 길게 줄을 섰다. 분노와 실망, 그리고 변화에 대한 열망이 투표함을 향한 걸음으로 이어졌다. 공휴일이 아닌 날에 이루어진 사전투표지만 오전부터 투표율이 역대 최고치를 경신했고, 최종적으로 34.74%라는 역대 두 번째로 높은 결과를 만들어냈다.

시민들은 단순히 한 표를 행사한 것이 아니었다. 그들은 낡은 정치, 혐오와 폭력, 그리고 무책임한 지도자를 심판하겠다는 결연한 의지로 투표소를 찾았다. '새로운 대한민국, 더 나은 내일을 위해'라는 마음이 전국 곳곳에서 하나로 모였다. 그날, 투표소 앞에 선 시민들은 민주주의의 주인임을 다시 한번 증명했다. 거센 바람 속에서도 흔들림 없는 촛불처럼, 대한민국의 미래를 바꾸기 위한 시민의 힘이 역사의 현장을 채웠다.

그리고 맞이한 2025년 6월 3일. 투표가 종료되고 출구조사 결과가 발표

되었다. 더불어민주당 이재명 후보의 승리가 예상되었다. 2024년 12월 3일 이후 지난 6개월간 내란의 트라우마에 시달리던 시민들의 환호성은 하늘을 찔렀다.

결국 국민이 승리했다. 민주주의가 승리했다. 1980년 광주의 영령들이 2025년을 살아가는 우리를 구해냈다. 과거의 희생이 현재의 삶을 지켜준 것이다. 감동이었다. 그날은 대한민국 민주주의가 다시 살아난 날이다.

그러나 우리는 기억한다. 지난 촛불혁명으로 문재인 정부를 만들어냈지만 우리가 원하는 모든 것이 바뀌지는 않았다. 이는 정권만을 믿고 시민들이 물러났기 때문이다. 이제는 시민권력의 시대가 열렸다. 민주시민들은 결코 민주주의를 위한 싸움에서 물러서지 않아야 한다. 새로운 적들이 도처에 도사리고 있기 때문이다. 이제 나아가자! 모두가 평등한 세상, 공정한 세상, 대동세상으로 한 걸음씩 나아가자!

응원의 글

사진으로 만나는 촛불 작가 이호의 《광장》, 감동입니다. 사진은 동영상과 다르게 역사 속 바로 그 순간을 기록하는 작업입니다. 격동의 민주주의 현대사 한 페이지를 스틸 샷으로 만나보세요.

- '새날' 푸른나무

늘 현장에서 카메라 하나 메고 나타나는 그는 거리의 역사 기록가입니다. 그가 담아내는 렌즈 속 사람들은 너무도 생생하여 실제로 마주하는 듯합니다. 이는 광장을 사랑하고 그곳에 모인 사람에 대한 애정의 결과라고 생각합니다. 이호 작가님의 사진 속 저와 국민은 역사입니다. 그를 존경합니다.

- 더불어민주당 국회의원 문정복

촛불 현장에는 언제나 이호가 있다. 그는 투혼 자체다. 한 시간 행진에 그의 동선은 두 시간 이상이다. 단 한 장면을 위해 그는 어느새 건물 꼭대기로 날아오르고 땅바닥에 냅다 드러눕는 일까지 마다하지 않는다. 이제는 이호가 현장이다. 그가 누르는 셔터는 역사가 되고, 그 역사는 우리 모두의 뜨거운 감격과 함께, 회고를 넘는 가슴 벅찬 깃발이 된다.

- 촛불행동 상임대표 김민웅

눈이 오는 거리에서 비 내리는 차도에서 윤석열 파면의 길에 촛불 시민과 함께해 주신 길 위의 예술가 이호 작가님의 사진 에세이집 출간을 진심을 담아 축하드립니다.

- 조국혁신당 국회의원 박은정

6월 4일을 역사는 대한민국 민주주의의 강건함을 세계에 알린 날로 기록할 것이다. 전 세계를 뒤덮고 있는 극우화의 물결을 선진국 가운데 가장 먼저 극복한 사건으로 기록할 것이다. 자랑스러운 그 날의 기록을 아름다운 사진과 글로 남겨준 이호 작가께 고맙다.

- 민주연구원 집단지성센터장 박태웅

거리의 사관 이호. 12.3 비상계엄부터 6.3 대선까지~ 우리의 놀람 분노 저항 기쁨 실망 간절 환호~ 그 현장에서, 어떤 때는 꿈틀거리는 얼굴의 근육과 주름살 하나까지, 어떤 때는 시민의 함성이 귀에 들리는 듯, 세세한 표정을 넘어 몸짓까지~ 사진 한 장에서 울고 웃고, 위로와 용기를 준, 아스팔트 위의 시민 항쟁을 역사적 기록으로 승화시켜 준 이호 작가께 깊은 경의를 표합니다.

— 더불어민주당 국회의원 양문석

과거가 현재를 구한 12.3 내란의 실패. 현재가 미래를 구한 6.3 대선. 살아서 오롯이 느끼는 광장의 민주주의. 그 역사적 현장을 담은 《광장》 출간을 축하드립니다.

— 시민 좋은정

빛으로 다시 쓰는 혁명의 역사. 이호 작가의 사진 속에는 사람이 산다.

— 모두가 사람답게 사는 세상 더불어민주당 국회의원 김용민

그가 있어 우리의 과거 현재 미래를 볼 수 있는 거다!!

— 시민 민은정(이호 작가의 영원한 팬)

12.3 내란의 어둠 속에서 우리는 절망 대신 촛불을 들었고, 6.3 대선의 여명 속에서 마침내 새로운 나라를 향한 첫발을 내디뎠습니다. 이호 작가의 이 책은 단순한 기록을 넘어, 무너진 민주주의를 다시 일으켜 세운 위대한 시민들의 숨결과 떨림을 생생히 담아낸 '빛의 증언'입니다. 거짓과 폭력이 지배하던 시대를 무너뜨린 건 거창한 힘이 아닌 평범한 우리 모두의 용기였습니다. 이 책은 그런 우리에게 주는 찬란한 훈장입니다. 모든 이가 다시 한번 뜨거운 가슴으로 나라를 사랑하게 될 것입니다.

— 조국혁신당 대변인 강미정

이호 작가는 아직 청춘이다. 피가 뜨겁다. 맨날 땀을 뻘뻘 흘리며 뛰어다닌다. 지난겨울에도 그랬다. 그렇게 뜨거운 피로 뛰어다니다가 카메라도 부서지고, 그의 다리도 부러졌다. 나도 덩달아 뛰어다녔다. 혹독한 내란의 겨울 동안 나는 그가 술친구여서 참 좋았다.

- 전 민주당 국회의원 임수경(술친구)

사관의 붓은 萬世의 公論이라. 역사를 지키기 위해 진실을 기록하는 光場의 사관.

- 정재현(이호 스승님 수제자)

누군가는 기억하고, 누군가는 기록합니다. 광장에서 타올랐던 수많은 이들의 용기와 눈물, 그 순간들을 이호 작가님의 렌즈가 말해줍니다. 평범한 시민의 눈으로 담아낸 특별한 날들의 기록, 이것은 우리 모두의 이야기이자 대한민국의 진짜 역사입니다.

- A fellow Korean overseas, 강경희

계엄, 계엄 해제, 탄핵, 파면, 조기 대선까지… 그 6개월의 시간이 주마등처럼 스칩니다. 역사의 현장을 기록해 주신 이호 작가님께 존경과 감사의 마음을 전합니다. 이제 국민들이 환하게 웃는 진짜 대한민국의 모습들이 작가님의 카메라에 담기길 소망해 봅니다.

- 더불어민주당 국회의원 이훈기

현장에는 촛불보다 반짝이는 그와 카메라가 있습니다. 시민의 분노, 열망과 희망을 찰나에서 영원으로 담습니다. 그가 담은 한 폭의 순간은 사람을 향한 따뜻한 시선입니다.

- 조국혁신당 대표권한대행 국회의원 김선민

광장을 촛불과 응원봉 연대로 밝힌 우리는 날마다 새로운 역사를 쓰고 있습니다. 동학농민혁명군이 우금치에 묻은 민주주의의 큰 뜻을 130년 만에 남태령에서 부활시켰습니다. 한남동에서, 안국역에서 밤을 새워 민주주의의 빛을 밝혔습니다. 광장의 힘으로 진짜 대한민국, 세계 평화를 이끄는 대한민국을 만들어 냅시다. 우리는 대한국민입니다. 그 대한국민들을 늘 돋보이게 잡아주신 이호 작가님 고맙습니다.

— 시민 최지훈

이호 작가님은 '국민 사진작가'입니다. "기록은 역사"라고 노무현 대통령의 말씀처럼 역사의 현장을 기록하고 계신 이호 작가님께 진심으로 감사드립니다. 빛의 혁명을 완수하는 그 날까지 늘 함께하겠습니다.

— 더불어민주당 과학기술정보방송통신위원회 간사 국회의원 김현

12월 3일 늦은 밤, 서둘러 국회로 향했던 그 날의 기억이 생생합니다. 민주주의를 지키기 위해 빛나는 응원봉을 들었던 거리의 시간들…. 우리는 그렇게 거대한 혼란의 시기를 함께 보냈습니다. 지나온 사진들은 멈춰 있지만 그 안의 시민들은 여전히 뜨겁게 살아 움직이고 있습니다. 이 기록은 끝난 역사가 아니라 지금도 계속되는 우리의 과제임을 잊지 않겠습니다.

— 조국혁신당 국회의원 이해민

반드시 기억해야 하는 내란, 기록으로 담아주심 감사합니다.

— 사진작가 서영석

이호. 광장은 당신의 땀을 기억합니다. 늘 감사합니다.

— 양평에서 김명수

기록해야 기억할 수 있고, 기억해야 단죄할 수 있습니다. 기록과 기억과 단죄의 토양. 그 위에 싹 트는 희망. 그 희망의 빛을 향해, 지난 12.3 내란에서부터 6.3 대선까지 세 번의 계절을 버티는 동안 그의 가슴으로 담아낸 '우리'의 이야기들. 간절함이 희망으로, 희망이 확신으로, 확신이 내 삶으로 변화하는 과정 과정을 기록해 주신 이호 작가님께 진심으로 감사드립니다. 빈틈없이 분노했고, 빈틈없이 행복했던 시간. 아픈, 약한, 가난한, 힘든 국민을 오롯이 보듬는 일. 이재명 대통령과 빈틈없이 해내겠습니다.

— 더불어민주당 국회의원 강선우

내가 사랑하고 존경하는 이호 작가님! 그는 단순히 사진 잘 찍는 작가가 아니다. 물론 그의 사진은 놀랄 정도로 깊고 아름답다. 그러나 그것보다 훨씬 더 중요한 것은 그의 사진은 역사를 정확하게 적어내는 펜이다. 민주주의의 적들을 찌르는 칼이다. 그리고 민중을 품어주는 따뜻한 이불이다.

— 조국혁신당 국회의원 김준형

시골서 광장을 찾아다니며 만난 모든 민주 동지들과의 만남이 가슴에 남습니다. 전 세계가 부러워하는 대한민국의 민주 저력을 보여준 광장의 촛불과 응원봉을 기록으로 남기는 이호 작가님 고맙습니다.

— 촛불시민 벌교댁(최명희)

우리가 좌파 우파로 나눠 싸웠나? 우린 정의와 불의로 나뉘고 공정과 부정으로 나뉘어 싸우는 거다.

— 시민 이은경

지옥 같았던 3년, 광장에서 쉬지 않고 외치며 빛을 엄호하신 분들의 순간순간이 담긴 기록.

— 시민 Ji Young

민주시민의 위대한 저항에 대한 아름다운 기록!

– 독립 애니메이션 감독 전승일

내란의 밤 이전부터 3년 내내 촛불시민의 얼굴들을 영혼을 담아 기록해 주신 촛불 사진가 이호 작가님! 어서 부상 당한 발등 말끔히 나으시길 바랍니다~~ 새로운 사진집 《광장》 제목부터 넘 멋져요!

– G1230 영어 강사 김혜원

그리스에서 시작된 민주주의가 대한민국에서 완성되는 순간입니다. 사진이 가지는 힘입니다. 옛날 《Life》 잡지 생각나네요. 출판되면 꼭 구입하겠습니다. 그동안 고생 많으셨습니다. 그런데 슬픈 예감이 들어요. 앞으로 더 고생하실 것 같은…. 완전 진압까지.

– 시민 이준형

사 장남천동
기 추자월드
집 회 참가하는
단 톡방 모임
우리 '사기집단' 행님들과 엄혹한 시기에 작가님과 함께여서 감사합니다. 고맙습니다.

– '사장남천동' 기수 김현석

그는 말도 잘하고, 노래도 잘하고, 성격까지 좋은데, 카메라는 더 잘 다룬다. 사람들이 작가님을 좋아하는 건, 자신의 가장 빛나는 찰나를 눈부시게 담아내 주기 때문이 아닐까. 그가 찍은 광장의 사진이 기대되는 이유이다.

– 한의사 · 한의과학자 양주원

어둠을 뚫고 빛을 찾아 나선 시민들의 위대한 여정.

– 촛불행동 자봉단 이경준

기억은 희미해질 수 있어도, 기록은 사라지지 않습니다. 《광장》은 우리가 함께한 희망의 기록입니다.

— 시민 이중구

광장의 우리는
저마다 가지고 있는 가장 밝은 빛으로
어둠의 나라를
다시 더욱더 빛나게 하였다.

몇 자 적는데도 눈물 나요…. ㅠ 사진 보면 더욱더 ㅎ 그러나 빨리 보고 싶어요~ 언제 구매할 수 있어요? 바쁘셨을 텐데…. 대단하셔요~~~~

— 시민 정지현

나라가 어두울 때 집에서 가장 밝은 것을 들고 나온 우리! 광장을 밝혀 빛의 혁명으로 새벽을 열었던 이 기록이 진짜 대한민국의 역사입니다. 이호 작가와 광장에서 함께라서 좋았어요. 축하합니다!

— 예술치료학 박사 주홍

세상을 밝히는 빛의 민주시민을 담은 이호 작가님의 멋진 사진들은 어둠과 두려움의 대한민국을 이겨내는 힘이었습니다. 감사합니다.

— 시민 이소정

위대한 시민 혁명으로 다시 태어난 장준하 정신!

— 장준하 50주기 추도 행사 준비위원회 사무국장

내란수괴가 저지른 마녀사냥 그리고 먼지털이— 조국, 추미애, 윤미향, 이재명, 촛불행동…. 그리고 내란의 밤을 넘어서 새벽을 맞이한 사람들.

— '김복동의 희망' 운영위원 김삼석

어둠을 밝힌 촛불, 밤을 몰아낸 응원봉, 그 모든 이들을 담아낸 이호 작가님의 카메라 불빛이 찬란하다. 환희처럼 터지는 플래시, 투명한 렌즈에 오롯이 새겨진 위대한 항쟁의 기록.

- 백지

21세기 대한민국의
국민주권을 위한 무혈의 저항과 항쟁,
그리하여 승리한
민주주의의 역사를 기록하다.

- 시민 허세광

광장에서 새로운 역사를 만드는 거대한 민중, 민중 속 한 명 한 명의 바람을 담은 그의 따뜻한 시선!

- 돌봄노동자 이정호

기억되지 않은 역사는 되풀이됩니다. 내란을 넘어 민주주의를 지킨 국민의 시간을 역사에 새겨놓았습니다. 내란 세력이 다시는 고개를 쳐들지 못하도록 국민의 역사는 가열차게 또 한발 전진했습니다.

- 더불어민주당 경기도당 당원 대변인 서혜진

광장은 추웠지만 사람들의 표정은 따뜻했단 걸 깨닫게 해주는 기록들.

- 극단 '경험과 상상' 이상희

위대한 시민들의 힘으로 막아낸 내란의 밤. 새로운 대한민국의 시작!!

- 만화가 백영욱

내란의 밤을 지나, 광장의 새벽은 어둠 속에 묻힌 진실을 다시 비춘다. 카메라의 눈으로 증언했고, 사람들은 침묵하지 않았다. 이 기록은 그날의 새벽을 잊지 않고 기억하게 해준다.
작가님 축하드려요!!!

- 청년촛불행동 소주희

집에서 가장 아끼고 빛나는 물건을 들고 나와 광장을 달군 사람들! 추운 아스팔트에서 장시간 서 있다 보니 세상에 발에 동상을 다 경험했습니다. 여의도 광화문 시청 안국동 한남동… 눈도 비도 두렵지 않은 광장에서 빛의 혁명으로 새 나라를 만드는 데 함께했다는 게 칠십 평생 가장 자랑스럽습니다. 그 기록을 써주신 이호 작가님 무한 감사드려요. 이 위대한 K-데모크라시는 세계사에 남을 것입니다.

- 시민 우귀옥

보라, 민주주의의 승리를
들으라, 민주주의의 외침을
만나라, 뜨거운 현장의 기록을

- 시인 · 인천대학교 기초교육원 강의교수 이태희

차가운 아스팔트 광장에서 가장 뜨겁게 타올랐던 우리 동지들의 빛.

- 시민 양희웅

전 세계 시민들에게 영감과 실천적 내비게이터가 되어줄 K-민주주의 필름 저장고!

- 작가 이밀

그대는 역사를 기록했습니다.

- 군산촛불행동 공동대표 남대진

* 대한민국은 민주공화국이다. 대한민국의 주권은 국민에게 있고, 모든 권력은 국민으로부터 나온다. * 헌법을 몸소 실천하고 나라를 위기에서 구해낸 민주시민들 진심으로 존경합니다. 그 멋진 날들을 기록으로 남겨주신 이호 작가님 최고!

— 시민 윤용희

광장에서 함께했던 모든 기억을 잊지 않게 기록해 주심에 감사합니다.

— 시민 박상현

12.3 내란으로 20대 대통령 윤석열은 탄핵되었고 6.3 조기 대선으로 21대 대통령 이재명이 당선되었다. 글로는 다 담을 수 없는 민주주의를 향해 투쟁한 시민들의 기록.

— 수어 통역사 현서영

역사 한복판에 이 땅의 진정한 주인공들을 담았다.

— 시민 김준희

6개월, 참 길었다. 알든 모르든 우리는 한마음이었다. 민주를 되찾기 위한, 더 나은 내일을 위한 시민들의 역사다.

— 시민 Jeongae Jo

기록은 힘이 쎄다!

— 시민 박관희

대한민국 '빛의 혁명'의 탄생을 미국 시민들과 함께 지켜보았습니다. 《광장》의 탄생 축하드립니다.

— 정치학 박사. Korea Policy Institute 상임이사. 미국. 시몬천

위대한 역사를 기록하는 문제작입니다!

— 한길사 대표 김언호

잊지 말자! 12.3 내란!

— 촛불행동tv 윤현주

내 생전 처음으로 겪은 고통 고난. 그러나 '빛의 혁명'이 이루어진 위대한 민주시민의 승리를 기록한 이호 작가님의 엄청난 수고의 작품에 늘 감격하고 감동합니다.

— 목사 조성찬

새로운 대한민국에서 만나게 될 첫 번째 기록.

— 시민 조은성

다 함께해서 가능했습니다. 대한민국의 주인은 국민임을 확인하는 시간이었습니다. 세계인과 공존·공영하는 G7 포용국가가 우리 미래입니다.

— 지스트 교수 임춘택

증오와 혐오의 시대를 접고 광장의 빛으로 사랑과 희망의 정치를 열어젖힌 위대한 주권자의 기록! (주권자의 간절한 그 마음을 섬세하고 아름답게 담아주셔서 정말 감사합니다.)

— 시민 박정민

민주주의를 지킨 사람들!

— 극단 '경험과 상상' 유윤주

시민들의 정치는 이제부터 시작입니다. 행동해야 바뀝니다.

— 시민 박미정

'사진 보고 울어 봤니?'
서랍 속에서 돌아가신 외할머니 사진을 만났을 때 갑자기 눈물이 핑 도는 것처럼 한 장 한 장 넘길 때마다 눈물을 흘리게 되는 사진. 이제는 다 커버린 조카놈의 아가 때 사진처럼 볼 때마다 괜히 배시시 웃음이 나오는 사진. 미친 내란 역적을 때려잡은 광장의 시민들을 기록한 이호 작가님의 새 작품집.

- 기자 장용진

24년 12월 3일 여느 날이나 다름없던 밤에 계엄 선포로, 3년 동안 주말마다 윤 정권과 싸워 단련된 우리는 한달음에 달려 나가 국회를 지키고 우리의 일상을 지킬 수 있었다. 그날 이후 차디찬 한겨울을 보내고 봄을 지나 여름을 맞이하는 지금까지 여기저기 부서진 몸을 이끌고 우리의 역사를 기록으로 남겨주신 이호 작가님, 진심으로 감사드립니다….

- 시민 권미경

왔노라! 모였노라!
밝혔노라! 이겼노라!

- 회계사 조형덕

동학의 횃불이 시민의 촛불로, 청년의 응원봉으로 타오르다!

- 시민 김명성

위기의 대한민국에 깨어있는 국민이 있었고 그 모습들을 진정성 있게 담았던 이호 작가님이 있었기에 역사는 올곧게 기록되고 기억됩니다.

- 김해 시민 김상구

수고하십니다. 기득권 타파에 적극 앞장서시기를 응원드립니다.^^♡

- 시민 윤영균

카메라는 기억을 지키고, 사진은 다시 살아나는 이야기입니다. 광장의 동지들이여, 어디서 무엇이 되어 다시 이 사진집으로 만납시다.
- 조국혁신당 정책위원회 부의장 이숙윤

넘 멋집니다.
- 시민 김성일

광장은
시민의 절규를 품고
시대의 어둠을 뚫고
민주의 외침을 안고
대한국민의 눈물을 닦아주며
새시대의 역사로 그렇게 또 그곳에 있어 주었다.

그는 시민의 눈물 아픔 외침을 온 어깨에 얹은 채, 사진이라는 살아있는 역사로 기록해 주었다. 그렇게 그 또한 광장이었다.
- 극단 '경험과 상상' 배우 김효진

광장의 빛으로 시대의 어둠을 깨고
카메라의 빛으로 시대의 정신을 남기다.
- 더불어민주당 국회의원 추미애

"인생은 아름다워"
뷰파인더로 보는 섬세한 우리의 삶. 아름다운 대한민국인들을 보고 싶습니다.
- 시민 양대영

2022년 3월 그때 우리는 심오한 진실을 갖고 내디딘 발걸음이었지만 감추어진 존재들이었다. 2022년 3월 그때 이호 작가는 내면의 힘에 이끌려 우리 앞에 나타났다. 2022년 3월 그때부터 화면 밖에 존재하는 우리를 화면 속으로, 형언할 수 없이 빛나고 아름다운 존재로 드러내 주었던 이호 작가! 그의 역사적 기여와 헌신의 기록인 두 번째 책 출간을 축하한다. 대박을 넘어 초대박의 공전의 히트를 거듭하고 거듭하길 두 손 모아 간절히 바란다.

- 시민 백초롱

광장의 에너지로 충천한 빛의 전사들이 만들어가는 나라, 문화강국 大韓!

- 종해역사문화연구소장 권태운

고생이 많았네요. ^^

- 가톨릭관동대학교 신부 지성용

《촛불 그리고 사람들》 이후 다시 엮어져 나올 사진집을 내심 기다려 왔습니다. 제목이 《광장》이군요. 같은 마음으로 한자리에 모인 선한 사람들의 열정과 눈빛과 환한 낯빛들은 집회 때마다 느끼지만 너무나 고귀하고 아름답습니다. 몸이 더러 불편하셔도 언제나 어느 자리든 개의치 않고 열심히 카메라 셔터를 누르시는 이호 작가님의 모습 또한 제겐 늘 감동이었습니다. 드디어, 오늘~ 새로운 대한민국을 위해 소중한 한 표들이 빛을 발하는 날이네요. 다시 《광장》에서 뵙겠습니다~^^

- 시민 코뿔소

그날이 왔다.

- 시민 유기영

빛의 울림은 민주주의 지킴이 시민의 행동에서 시작되다.

- 현장미술작가 이오연

빛으로 함께한 민주시민들의 잊을 수 없는 날들. 남겨야 할 그날들.

- 시민 이종기

역사의 광장을 비추는 눈부신 기록, 이호 작가의 《광장(光場)》을 추천합니다.
사진은 눈이 아니라 심장으로 찍는다고 합니다. 이호 작가의 《광장》은 촛불의 심장박동을 영원히 살려놓은 기념비적 작업입니다.
촛불이 광장으로 나선 그날부터, 민주의 새벽이 찾아올 때까지- 이호 작가의 렌즈는 광장 한가운데에서 역사의 숨소리를 포착했습니다. 예술가로서 사회적 임무에 혼신의 힘을 바친 작가님에게 갈채를 보냅니다.
오랜 싸움으로 지쳐가는 촛불광장에서 그의 카메라 렌즈와 눈이 마주칠 때면 우리는 힘을 얻어 다시 일어날 수 있었습니다. 억압된 목소리를 집단의 함성으로, 고립된 희망을 역사의 횃불로 바꾼 기록자였습니다.
시민들이 스스로 막아낸 12.3 계엄의 결정적 순간들, 눈물과 함성, 연대와 승리의 감동이 그의 사진 속에 영원히 새겨져 있습니다.
전 세계가 주목한 촛불의 기적- 우리가 함께 만든 이 자랑스러운 역사를 이호 작가는 렌즈로 역사책에 새겼습니다. 국제사회가 인정한 평화적 권력 교체 모델의 가시화를 이룬 것입니다.
촛불의 온기가, 광장의 함성이 사진 속에서 다시 살아납니다.
역사의 목격자요, 민주의 증인인 《광장》은 우리 시대 반드시 기록되어야 할 시민 승리의 서사시입니다. 그 생생한 현장을 마주할 때, 우리는 다시 광장에 서 있을 것입니다.
대한민국의 민주주의 기적을 눈으로 확인하십시오. 이 감동을 후대에 전하십시오. 민주주의 교과서로서의 기능을 기대하며 역사의 한 페이지를 함께 펼쳐갈 《광장》을 1급 사료로 추천합니다.

- 국민주권당 중앙상임위원 · 동작촛불행동 공동대표 이해연

촛불시민에 대한 무한한 사랑과 헌신의 기록

- 노래패 '우리나라' 가수 이혜진

누군가는 빛을 움켜쥐고 누군가는 그 뒤편을 응시했습니다. 광장은 이름이 아닌 우리의 방향이었으며 발끝이 닿은 파도와도 같았습니다. 카메라는 먼저 울고 가장 오래 기다렸습니다. 떨리는 얼굴들 사이 진실이 조용히 피어나는 그 순간을 담았습니다. 어둠은 길었지만 그 속에서 피어난 새벽은 우리 모두의 호흡을 닮았습니다. 이 기록은 셔터를 누른 손의 노래이며 그 안에 빛으로 새겨진 우리의 희망과 심장의 조각들입니다.

- 작가 최현숙

광장은 우리 시대의 역사입니다. 이호 작가님 사진을 보며, 위안을 받았고, 더 큰 용기를 낼 수 있었습니다. 마음 깊이 감사드립니다.

- 송파기후행동 공동대표 최정옥

촛불풍물단의 활약은 실로 대단했습니다. 지난 2년 반 동안 자발적·주체적으로 열린 광장의 주인이 되어 줄기차게 싸워왔습니다. 말보다는 풍물굿을 치며, 마이크보다는 맨발로 아스팔트를 누비며 굿판을 만들어 왔습니다. "흥으로 이기리라"라는 구호로 흥겹게 지치지 않고 싸웠습니다.
비가 오는 광화문, 눈이 오던 한남동, 칼바람의 여의도, 깜깜한 남태령, 그리고 시청, 안국역, 용산, 여기저기 누비며 즐겁게 싸웠습니다. 각자가 주인으로서 잘못된 일꾼을 꾸짖고 바로잡으며 끊임없이 두들겼습니다.
우리 촛불풍물단은 앞으로도 그 누구든 일 잘하는 일꾼은 적극 힘을 보탤 것이고, 잘못하는 일꾼은 과감히 호통치고 내치는 역할을 맨 앞에 서서 할 것입니다.
전 세계사에 유례없는 열린 광장, 자발적 참여, 흥으로 이기는 촛불풍물단, 영원하라 ^^

- 촛불풍물단 김진표

그 자리에 항상 있었던 이자까에게 무한한 찬사를 보냅니다.

- 시민 서정무

광장

어둠을 가른 짐승의 비명
비명을 묻은 시민의 횃불

포악한 짐승의 추악한 민낯을
아름다운 꽃으로 수놓은 밤들

나는 기억한다
그는 기록한다

낮보다 찬란한 촛불의 밤을
함성보다 강한 셔터의 절규로
역사에 담아낸다

감사하고 또 감사하다
언젠가는 지워질 기억을
붙잡아두려는 그의 노력이…

– 시인 이봉안

2024년 12월

- 3일 오후 10시 29분   비상계엄 선포
- 4일 오전 0시 47분   비상계엄 선포 대응 본회의 개의
- 4일 오전 1시 0분   비상계엄 해제 요구 결의안 상정
- 4일 오전 1시 2분   비상계엄 해제 요구 결의안 가결
- 4일 오전 4시 30분   비상계엄 해제안 의결
- 4일 오전 5시 40분   비상계엄 해제 공고
- 4일 윤석열 탄핵소추안 발의
- 7일 윤석열 탄핵소추안 투표 불성립(자동 폐기)
- 8일 윤석열 '내란' 혐의 피의자 입건 / 한덕수·한동훈 담화 발표
- 11일 윤석열 탄핵소추안 2차 발의
- 12일 야 6당, 비상계엄 사태 국정조사요구서 제출
- 14일 윤석열 탄핵소추안 가결 / 윤석열 직무 정지
- 16일 헌법재판소, 탄핵 심판 변론 준비절차 회부
- 31일 최상목 권한대행, 헌법재판관 2명 임명(마은혁 임명 보류)

2025년 1월

- 3일 오후 1시 30분   윤석열 체포영장 집행 중단
- 15일 오전 10시 33분   윤석열 체포영장 집행 완료
- 19일 윤석열 구속영장 발부 / 서울서부지방법원 폭동
- 26일 윤석열 '내란 우두머리' 혐의 구속 기소

2025년 2월

- 25일 윤석열 탄핵 심판 변론 종결
- 26일 이재명 공직선거법 위반 항소심 징역 2년 구형

2025년 3월

- 7일   윤석열 구속 취소 청구 인용 (판사 지귀연)
- 8일   윤석열 석방 / 시민단체 단식농성 시작
- 24일   한덕수 탄핵 심판 기각
- 26일   이재명 항소심 무죄 선고

2025년 4월

- 1일   헌법재판소, 윤석열 탄핵 심판 선고 기일 지정
- 4일 오전 11시 22분   헌법재판소, 윤석열 파면 선고
- 8일   한덕수 권한대행, 헌법재판관 2명(이완규, 함상훈) 지명
- 9일   김문수 출마 선언
- 10일   이재명 출마 선언
- 16일   헌법재판소, 헌법재판관 지명 효력정지 가처분 인용
- 22일   이재명 상고심 재판부 배당
- 27일   더불어민주당 이재명 대통령 선거 후보 선출
- 29일   이재명 상고심 5월 1일 지정

2025년 5월

- 1일   이재명 상고심 유죄 취지 파기환송
- 2일   이재명 파기환송심 서울고등법원 형사7부 배당
- 7일   이재명 재판 연기 결정
- 12일   제21대 대통령 선거 공식 선거운동 시작
- 29 · 30일   제21대 대통령 선거 사전투표

2025년 6월

- 3일   제21대 대통령 선거 본투표
- 4일   이재명 제21대 대통령 취임